# クチコミと
# ネットワークの
# 社会心理

## 消費と普及のサービスイノベーション研究

池田謙一［編］

東京大学出版会

The Diffusion of Innovations through
Word-of-Mouth and Social Networks:
A Social Psychological Study combining
Snowball Surveys and Multi-Agent Simulation
Ken'ichi IKEDA, Editor
University of Tokyo Press, 2010
ISBN 978-4-13-053018-7

# 目　次

**第 I 部**　ソーシャル・ネットワークと
　　　　　対人コミュニケーション

**第 1 章**
消費者行動予測の入り口としての対人コミュニケーション………3

　　1.1——対人的コミュニケーションのもつ潜在力　3
　　1.2——消費と普及のモデリング　6
　　1.3——コミュニケーションと消費生活　7
　　1.4——本書の研究方略：「クチコミ」研究という切り口　11
　　1.5——将来予測のもつ意味　13


**第 2 章**
研究の道具だてと方向性……………………………………17

　　2.1——本書の原点とその応用的展開　17
　　2.2——整理される 2 つの視点　22
　　2.3——各章の展開　24


**第 II 部**　クチコミを計量する
　　　　　スノーボール調査と消費者行動のモデル

**第 3 章**
消費者行動とクチコミ ……………………………………31

　　3.1——消費者行動とは　32
　　3.2——消費者行動のモデル化　33
　　3.3——サービス普及の概念　38
　　3.4——消費者を分類する　43

第 **4** 章
クチコミ行動をモデル化する ……………………………………49

　4.1──クチコミ行動　50
　4.2──クチコミを測定するための調査手法　52
　4.3──クチコミ行動のモデル化　53

第 **5** 章
スノーボール調査によるクチコミ行動の実証 ………………61

　5.1──スノーボール調査とは　63
　5.2──オピニオンリーダー度とマーケットメイブン度を測る　69
　5.3──スノーボール調査からみえる消費者行動　74
　5.4──ネットワーク特徴量と消費者特性　91

第 **III** 部　消費者行動はネットワークの
　　　　　　網のなかで生じる

第 **6** 章
ソーシャル・ネットワークをとらえる ……………………103

　6.1──ソーシャル・ネットワークとは何か　103
　6.2──ソーシャル・ネットワーク分析　108
　6.3──「スモールワールド」をめぐる研究と発展　117
　6.4──ソーシャル・ネットワークをモデル化する　126
　6.5──ソーシャル・ネットワークの特性を調査する　134
　6.6──調査結果からソーシャル・ネットワークを再現する　137

# 第7章

## 消費者行動を予測する普及シミュレーション ······················141

7.1——マルチエージェント・シミュレーション　142

7.2——消費者の購買行動を予測する　145

7.3——マルチエージェント・シミュレーションで予測する　155


# 第8章

## クチコミとネットワークからサービスイノベーション研究へ···163

8.1——全体をふりかえる　164

8.2——サービスイノベーションとして考える発展の可能性　167

8.3——「産」側から見た今後の発展可能性　168

8.4——「学」側から見た今後の発展可能性　182

8.5——サービスイノベーション研究と社会心理学との接点　185

8.6——イノベーションをもたらす研究をめざして　188


あとがき　191

付　録　スノーボール調査の概要　197

引用文献　201

索　　引　209

第 1 部

ソーシャル・ネットワーク
と
対人コミュニケーション

# 第1章

## 消費者行動予測の入り口としての
## 対人コミュニケーション

### 1.1——対人的コミュニケーションのもつ潜在力

人はよく話す。

霊長類が専門の進化生物学者ダンバー（Dunbar, R.）はその名著『ことばの起源』（Dunbar, 1996）のなかで，サルが毛づくろいする代わりに人間は話すようになった，と洞察した。

彼はいう，「人間の社会生活の特徴は，互いの行為に示す強い関心である。我々は互いに一緒にいて，なでたり，触れたり，話したり，ささやいたり，誰が誰と一緒に何をしているといった細々したことに聞き耳をたてて，文字どおり何時間も過ごしている」（p. 20）。その生活のなかで本質をなしているのが，話すというコミュニケーションであり，それはサルが社会関係をコントロールするキーとして社会生活の中心に毛づくろいを据えているのと類比しうる意味をもっているというのである。

毛づくろい可能な規模に比べ，話すコミュニケーションはより大きな集団を効率よく維持する決定的な道具である。しかし大きな集団といっても，人間が身近にコミュニケーションできる相手の数がその集団の規模を規定するという点で，どこまでも巨大化していけるわけではない。その規模は人間の脳の新皮質の容量に対応している，というのがダンバーの主張である。つまり，コミュニケーションすることを通じて群れの個々人をよく識別し，その対人関係をよく記憶し，行動を予測したり，相手を利用したり，社会的結束を維持できる限界に，脳の容量が対応しているのである。

ここで維持しうる群れの規模は，およそ150人だという。ダンバーはさら

にこの数字を社会心理学の著名な知見と対応させて，その意味を語る。社会心理学者であったミルグラム（Milgram, S.）の「スモールワールド」実験に由来する「6段階のネットワーク」の知見との関連性である（Travers & Milgram, 1969）。

ミルグラムは，アメリカ中西部のある都市でランダムサンプリングによって選んだ人びとに対し，遠く離れた東部ボストンの未知の株ブローカーまで知人の輪（弱い紐帯という）だけをとおしてつなぐ実験への参加を求めた。はたして何人でつなぐことができるかを，手紙のリレー実験によって調べたのである。その結果は驚くべきもので，わずか6段階でリレーできる，というのが結果の平均値だった。本書第III部で紹介する知見も含めて，この数字はその後いくつかかたちを変えて検討されており，「世界の狭さ」を示す代表的な数値となっている。

この6段階説にダンバーも言及し，「個人的な連絡の鎖を介してメッセージを送るとき，世界のどこにいるどんな任意の個人に対して送る場合でも，ふつうは6段階の仲介しか必要ない」と述べ，こう続ける。「もし150人の人が別の150人を知っているなら，6段階を経たあとは150の6乗，すなわち約10兆に達する。これは，今現在生存している約50億人をはるかに上回っている。もちろん，ほとんどの人の友人の輪は重なりあっているため，6段階で達する総人数はずっと少ないだろう。それでも，各人物の150人の網に32人だけ，その鎖の以前の人物網になかった新たな人びとが存在すれば，6段階で50億人に達するのである」（p. 105）。友人の輪が重なる程度の推定値は正確には存在しないが，ダンバーが考えるよりも重なりはもっと小さい可能性がある（de Sola Pool（1978-79）の推定では，半数以上の知人は重ならない）。だとすれば，6段階でつながる人数はさらに大きくなる[1]。

このことは，人間の日常のコミュニケーションが，潜在的に驚異的な力を秘めていることを推測させる。わずかなステップのコミュニケーションを経るだけで，情報が爆発的に伝播する可能性である。毛づくろいの機能的代替物であったコミュニケーションが，元の機能をはるかに超えて人類に新しい地平をもたらしたのである。それは毛づくろいにはなかった特性，つまりコミュニケーションのコンテンツがリレーされることを通じてだった。こうし

て150人という個人の限界はそのままでありながらも，コミュニケーションがリレーされていくネットワークの特性がその限界を大きく突き抜けさせ，社会というものが持っている規模と変動の可能性を変えてしまったのである。

　そうした可能性を実感させるひとつの例は意外にも流言である。社会思想家として知られる清水幾太郎が第二次世界大戦前に書いた『流言蜚語』のなかで指摘しているのは，人びとのあいだにまたたくまに広まり為政者を悩ませる流言のインパクトが，遠く『荀子』『漢書』『書経』といった古典にすでに登場しているということである（清水, 1947［戦後版による]）。流言の潜在力は古くから気づかれていたのである。また社会学者のシブタニは，流言が単に根拠のないウワサに留まるとは限らず，公的なメディア報道が欠けているようなときに，重大だが不確実なできごとを解釈する「ニュース」として広く機能すると主張した（Shibutani, 1966）。流言が，即興的にできごとのリアリティを人びとに認識させる役割を，非常な早さと広さで果たしていることを多く例示してみせたのである。

　インターネット時代には，コミュニケーションのリレーがもつ潜在力は容易に世界規模に拡大する。ミルグラムの実験のインターネット版も存在し，ここでも近似的に6段階の「世界の狭さ」が実証されている（Dodds, Muhamad & Watts, 2003）。日常の世界でも，電子メールが世界的に普及しはじめた1999年には，カナダの辺境ノバスコシアの小学校5年生がその狭さを実感する機会を得た。地理の授業で行った電子メール・プロジェクトの失敗がその経験をもたらしている。クラスの17人が「メールが届いたらあなたがどこから書いているか，返事を下さい」「もっと他の人にもこのメールを回して下さい」と15人の親戚に送った。担任のウィマー先生は，50通も反応が返ればうれしいと考えていたが，実際の結果は8日以内に9000通，2か月後には1万8000通もの返信が文字どおり世界中から届く規模となり，返信も十分にできないほどの騒ぎとなった。当時の小容量のサーバがメールの集中でダウンしてもなお，これだけ大量の返信がもたらされたのである（HotWired 1999年6月11日記事）。世界を縮めるコミュニケーション・ネットワークの威力は十分である。

## 1.2──消費と普及のモデリング

　前置きが長くなったが，本書で展開していく消費者行動研究は，いまみて
きたように，人間がその生活の本質としているコミュニケーションが巨大な
「スモールワールド」に接続していることを背景としている。そのなかで私
たちが日々営んでいる消費生活がどのように普及・進展していくのかを，文
理融合，産学連携のプロジェクトのなかで計量的なモデルとして検討するの
である。人びとの消費生活のなかで，製品やサービスは絶えず置き換え圧力
に直面している。つまり，新製品・新サービスが次つぎに新しいイノベーシ
ョンとして投入され，普及し，消費されていく。この様相をコミュニケーシ
ョン・ネットワークを含む包括的な分析枠組みでモデル化し，予測しようと
試みるのが本書である。
　普及の舞台であるスモールワールドは，平面的なイメージとしてはソーシ
ャル・ネットワークによって構成されている。私たちは互いにつながりあい，
コミュニケーションすることで生きているのであるが，そのつながりの糸が
ソーシャル・ネットワークであり，糸の結節点が平均6つで世界を結ぶよう
なスモールワールドの「狭い世界」を構成している。ここでの研究の対象は，
こうしたソーシャル・ネットワークを通じての商品の普及過程である。それ
が潜在的に大きなインパクトをもちうるのは，すでにみたとおりであるが，
多くの商品は流言ほどの爆発的な普及力をもつわけではない。この商品の価
値を多少なりとも高く評価する人，あまり好意的ではないが話題にするなら
ばしてみたい人，否定的な人，もとより関心のない人，などさまざまな関わ
りかたがあるだろう。またネットワークの視点でみると，互いに知りあいで
構成される身近な人たち，スモールワールドでつながっているようなやや疎
遠な人たち，というような異なるネットワーク的接続のなかで，商品は購入
されたり，利用されたりすることで，普及の盛衰を経るのである。この普及
過程をリアルにシミュレーションできるモデルを構築することが，ここでの
具体的目標となる。そのモデルは，消費者行動と消費のコミュニケーション
のモデル，ソーシャル・ネットワークのモデル，ネットワーク内での普及の

モデルの，3つの下位モデルを必要としている。

　長い歴史のある普及過程研究という分野で，人と人との対人的コミュニケーションの重要性は早くから知られていた。にもかかわらず，商品を売る側からの消費者へのアプローチは長年，マス・マーケティングから抜けだすことがなかった。いまでも十分には抜けだせていないだろう。本書はそのブレイクスルーを普及過程研究の革新によって示そうとするものである。このアプローチはむしろ，インターネットの普及とあいまって注目されてきた，クチコミやバズ・マーケティングといった，製品・サービスについての対人的コミュニケーションの研究と親和性を有する（たとえば Rosen, 2000）。しかし，さらにこれらの研究では欠けているいくつかの手法を展開することで，より信頼性と予測力のある普及過程のモデルを構築しようとするのである。

## 1.3──コミュニケーションと消費生活

　現代では，消費生活は私たちの生活の大きな部分を占めている。コンビニや専門店やデパートやインターネットで製品を購入すること，レストランや映画館，スポーツクラブでサービスを利用すること，こうした消費者行動の多くが，私たちの豊かな生活や自己実現をサポートする重要な道具となっていることは論をまたない。社交を楽しむ，本やドラマに接して人生を考えるといった局面でも，製品やサービスは私たちを支えている。

　こうした消費者行動はコミュニケーションと不可分である。私たちの毛づくろい的コミュニケーションの多くがとりとめもない会話であることは，ダンバーの主張でもあるが，その一見目的のない会話には，多くの砂金が含まれている。つまり，人は会話のなかから生きるためのさまざまな情報を抽出している。それはダンバーが強調するような対人関係に関するゴシップでもありうるが，さらに消費生活に関わる情報交換でもありえ，その消費を維持する経済状況や，ひいては政治の話まで，話のタネとして消費され，頭のなかに吸収される。

　宮田（2008, p. 81）は，首都圏30キロのサンプリング調査（2005年）に基づき，他者との会話のなかでどんな製品やサービスが話題にのぼるかを，い

## 表1-1　商品カテゴリー別の対人的コミュニケーションと情報収集

| コミュニケーション内容<br><br><br><br>製品・サービスのカテゴリー | 周りの人から情報を教えてもらったり意見を言ってもらう | 周りの人に情報を教えたり意見を言う | 周りの人と議論したり評価したりする | 周りの人とのふだんの会話の中でなんとなく出てくる | インターネットのクチコミサイトや電子掲示板などで情報を集める | テレビ・雑誌などのマスメディアで情報を集める |
|---|---|---|---|---|---|---|
| レジャー・旅行 | 52.5 | 36.9 | 28.5 | 41.5 | 19.8 | 34.9 |
| 自動車 | 23.8 | 16.6 | 15.3 | 17.7 | 7.6 | 17.6 |
| 携帯電話機・携帯電話サービス | 32.4 | 18.8 | 18.7 | 25.2 | 9.5 | 19.2 |
| パソコン及び関連商品 | 31.4 | 19.3 | 16.0 | 16.5 | 14.1 | 21.9 |
| AV・デジタル機器 | 25.5 | 16.1 | 15.0 | 13.4 | 13.6 | 22.8 |
| 飲料店・レストラン | 53.2 | 45.5 | 35.7 | 44.7 | 15.0 | 27.5 |
| 書籍・雑誌・CD・映画 | 32.0 | 33.8 | 28.5 | 33.6 | 15.3 | 30.6 |
| 食品・健康食品・飲料 | 33.2 | 33.0 | 28.0 | 36.9 | 6.6 | 22.9 |
| 衣類・服・ファッション・化粧品・美容室 | 32.1 | 27.8 | 24.5 | 27.9 | 8.1 | 26.2 |
| そのようなことは行わない | 11.8 | 17.9 | 28.5 | 15.4 | 57.7 | 25.3 |

複数回答。ひとりの回答者が複数の項目を回答できるので，各カテゴリーの総計は100％を超える。

くつかの形態に分けて示している。表1-1がその数値である。これをみると，いかに私たちが商品に関するコミュニケーションを多く交わし，消費の会話がゴシップと同様に生活のなかに浸透しているかに，驚かざるをえないだろう。それがマスメディアやインターネットからの情報収集に勝るほどの勢いであることも，一番右の2列の数値と比べれば容易に判明する。話し話され，教え教えられ，議論され，そして「なんとなく」会話の話題にのぼるのである。広いジャンルの製品やサービスのカテゴリーにわたってまんべんなくみられるのは壮観ですらある。最下段に示すように，メディアでの情報収集をしない人のほうが，話をしない人より多いとみてとれるのは象徴的でもある。それほど人は，人と人とのあいだで製品やサービスを語っているのである。

　さらに図1-1をみると（宮田，2008, p.89），そうした会話やクチコミの結果が購買行動のあと押しとなったり，取りやめたりする要因となる様相が浮かびあがる。周囲の人びととの会話であれ，インターネット上のクチコミサ

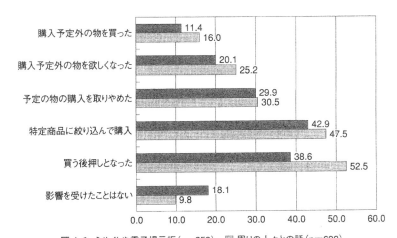

購入予定外の物を買った 11.4 / 16.0

購入予定外の物を欲しくなった 20.1 / 25.2

予定の物の購入を取りやめた 29.9 / 30.5

特定商品に絞り込んで購入 42.9 / 47.5

買う後押しとなった 38.6 / 52.5

影響を受けたことはない 18.1 / 9.8

0.0　10.0　20.0　30.0　40.0　50.0　60.0

■ クチコミサイトや電子掲示板（n＝252）　□ 周りの人々との話（n＝632）

図1-1　コミュニケーションの効果についての認知の比較（複数回答）

イトや電子掲示板においてであれ，人びとの行動はよく似ている。選択する
商品の絞り込みや購買の後押しに最大の効果があったと意識されており，一
方で購買の断念にも3割程度の人びとが影響を受けたと認識している。後者
は，マスメディアからもたらされる広告やCMとは根本的に異なった側面
である。さらに購入予定外のものを欲しくなったり買ったりしてしまうのも，
クチコミが特定の商品にしばられ，購入を誘導されるようなコミュニケーシ
ョンではなく，自由なコミュニケーションならではのことであろう。

　日常的なコミュニケーションの多くは，必ずしも深刻なものでも真剣なも
のでもないが，そのなかから人びとは自分にとって有益な情報，あるいは影
響力のある情報を抜きだして利用しているのである。そしてそのことが消費
生活のなかでも明確にみてとれるのが，これらの結果である。

　このような対人的コミュニケーション，つまりクチコミが信頼される理由
はいくつもある。一般に対人コミュニケーションがマスメディア経由のコミ
ュニケーションと異なってヨリ信頼を受けやすい理由は，普及過程研究のロ
ジャース（Rogers, E. M.）も早くから指摘しているように（Rogers, 1962），

1) 対人的コミュニケーションは双方向的な意見交換を可能にする
2) 対人的コミュニケーションで相互作用しあう人びとは類似した価値や態度をも
　つ

3) 対人的な情報源はコミュニケーションの受け手にとって接近可能性と信頼性が高い

4) 対人的コミュニケーションは受け手側の抵抗や無関心を乗り越える

といった特性があるからである。換言すればクチコミは，マスメディアの疎遠さ，一方的性質，疑わしさ，うさんくささやあからさまな意図に勝る。したがって受け手が無関心であるときですら，話のタネとして製品やサービスの話を喚起できるのである。

　このように製品・サービスについてのクチコミが，個々人のレベルで強い意味をもつとするならば，「6段階」のスモールワールドによるソーシャル・ネットワークのなかで，どんな状態で，また誰とのあいだで消費が語られ，伝播・普及していくのか，これを検討することが次の一歩だろう。本書はこれを視野に入れる。

　その研究方略を語るまえに，「クチコミ」という語の来歴をみておこう。

　この造語はジャーナリストの大宅壮一によるといわれるが，その後，日本の社会心理学の開拓者のひとりである南博によって「くちコミュニケーション」（南・社会心理研究所，1976）として，学術的な世界で用いられるきっかけをえた。彼はこの本の冒頭で「くちコミュニケーション」をすぐに，「マスコミ」の語と対比して「くちコミ」と簡略化し，以後その語を用い，当時の社会心理学の関心の対象を「くちコミ」で広く解釈しようとしている。その後かなり時代をくだって（しかしインターネットの普及以前である），渡辺（1992）は化粧品の自然発生的な「くちコミ」が，コストのかからない貴重な情報源として女子大学生に用いられていることを示した。渡辺はいう。「化粧品に関するくちコミは，日常の会話を構成しているさまざまな会話のひとつとして，会話の流れのなかで自然発生的に始められたり，他人のメークや化粧品といったような外的なきっかけの存在によって偶然に始められたりする場合が多い」（p. 177），「特に，くちコミを情報探索の一手段として考える場合には，人びとが情報の探索を目的として会話を始めるという図式を思い浮かべがちである。しかし実際のくちコミは，情報の探索や情報の提供を目的として始められることは少なく，会話のなかのひとつの話題として自然にあるいは偶然に始められ，結果的に情報探索の手段となっている場合が

多いということが分かった」(同上)。「くちコミ」は語り手側の説得する意図も，受け手の側の説得される構えも弱い状況でしばしば発生しているのである。

　本書では「クチコミ」とすべてカタカナ化して用いることとするが[2]，いずれにせよ「クチコミ」とは，インフォーマルな対人的コミュニケーションという手段によって，何らかの対象（たとえば商品やうわさ）の情報や評価に関わる発言がソーシャル・ネットワーク内を伝わる現象，と定義できるだろう。

　また，さらに「クチコむ」「クチコまれる」の語を用いることにしよう。クチコミの語り手と受け手のあいだでコミュニケーションの方向性を明示する動詞として用いるのである。むろん「クチコむ」とはある消費者がクチコミの送り手となること，「クチコまれる」とは受け手となることを指す。なお，英語ではクチコミは WOM（Word Of Mouth; ウォム）と呼ばれ，マーケティング研究の世界では広く知られる略語となっている。

## 1.4——本書の研究方略：「クチコミ」研究という切り口

　消費者行動のなかで「クチコミ」という言葉が研究や実践のターゲットとして大きく浮上するようになったのは，この10年ほどのことであろう。それはインターネット上のクチコミが商品の普及に強い影響を及ぼした，というような神話的な事例を交えてよく語られる。化粧品のクチコミサイトである「アットコスメ」(@cosme) や，商品別掲示板のある「価格.COM」の成功は鮮やかなものだった。こうして従来のマーケティングの常識を当てはめるのが難しくなり，CRM（Customer Relationship Management）を重要視するマーケティングが強調されるようになった（三谷編, 2003）。さらに，企業価値を高める無形資産としてコーポレート・レピュテーションが強く認識され（櫻井, 2005），消費者からの企業に対する信頼，また信頼が危機に瀕したときのリスクマネジメントに関心が集まるようになった。このような変化をとおして，クチコミはレピュテーションや信頼を左右するものとして，頻繁に念頭に置かれている。まさに他者の悪口や流言で生じるのと同じよう

に，である。

　こうしたことを踏まえて，日常世界でのクチコミの威力がきちんと計量され，広告やプロモーションと強く関連づけられているかといえば，例外もあるものの，大勢はほど遠いといわざるをえないだろう。広告やCMの実践の主流はながらく，どれだけ多くの人に接触され記憶されたかまで測定するだけで，それを「効果」だと主張するに留まりがちだった。それだけで新聞広告という1兆円産業，テレビCMという2兆円産業を支えるには，いかにも心もとなかろう。接触と記憶は単に始点にすぎない。そこから始まるクチコミを含んだ普及過程に大きく踏みこめずにいるのは，この分野の巨大な悩みであり，模索は続いている。そうしているうちに，マスメディアを経由する広告とCMが産業として衰退しはじめ，それぞれ1兆円にも2兆円にも届かなくなっているのは，インターネット登場のせいばかりではない。始点を越えるアプローチをもたなかったためでもあるだろう。

　このような現状に鑑みて，本書は次のようなかたちで問題解決に取りくみたい。

　第1に，「クチコミの威力」という言葉に代表される，ソーシャル・ネットワークを通じた商品情報のコミュニケーションのとらえかたを議論し，実証的なモデル構築を行う。それは，マス媒体中心のこれまでの研究とは大きく異なるもので，クチコミの威力を計量する研究のツールを実証的に検討していく。消費の意思決定の複数の段階でコミュニケーションがどのように変化するか，ネットワーク上での一人ひとりの消費の意思決定を明らかにし，またこの意思決定の途上で人びとが製品やサービスについてどれだけクチコみ，クチコまれるのか，ネットワークでつながった他者に対して影響をもたらすのか，これらを体系的に解明する。

　第2に，個人とその周囲のネットワークをとらえるだけでは，一人ひとりの消費の意思決定が社会全体の構造のなかでどのように波及し，結果として消費の普及が生じるかまではわからない。数学的に現実のソーシャル・ネットワークを表現するモデルを構築するとともに，そのモデルを前提としてマルチエージェント・シミュレーション手法を用いて普及を予測することが，普及現象を明らかにする。消費者のクチコミの解明とともに，こうしたふた

つの技術を合わせることで，大規模なソーシャル・ネットワークとして表される社会全体の変化を予測する試みに挑むことができる。多様な個人が多様なつながりをもちつつ，消費の意思決定を進める過程をコンピュータ上で再現し，社会全体にどのように変化が波及するのか，これらを解明し，社会の予測の手法をより精緻化する。

## 1.5──将来予測のもつ意味

「社会の予測」を行う技術に言及したが，それにどんな社会的な意味があるだろうか。

将来が予測できることは，私たちに多くの恩恵をもたらす。すでに普及した将来予測技術のひとつである天気予報は，私たちが予報に適応しながら社会生活を送ることを定着させた。その利便性は誰もが理解している。物理現象のみならず，しばしばそれよりはるかに困難な社会全体の将来予測も，古くから試みられてきた。

現在の私たちが住む世界は，テクノロジーと自然と人間生活が相互に影響しあった，より複雑な世界であるが，それでもさまざまな点で予測の試みが断念されることはない。地球温暖化の予測は，気象予測のみならず人間の社会活動の予測をも含んだ統合的なものであるが，その遠大な予測そのものが困難なだけでなく，異論も絶えないことはよく知られている。にもかかわらず，試みは続く。そして予測に対する社会的な対応は，2000年以後のアメリカ大統領選挙での政策論争にまでも影を落とすほどのものである。2009年1月のアメリカ・オバマ大統領の就任演説でも言及されたことは，ひとつの象徴的なできごとであった。

社会の将来が予測可能であれば，それが多くの恩恵をもたらすことを私たちは確信しているからこそ，私たちは予測を試みるのである。それはひとつには，悪い予測に対して私たちが対処を試みうるからである。日本でも大いに論議の的である地球温暖化に対する二酸化炭素の排出規制のような対応はその例である。さらに，予測することによってテクノロジーやアイディアを変更・改善する試みが現実的なものとなる。私たちは予測によって単に運命

を待ち受けるだけではない。予測するとはシミュレーションすることであり，このなかで私たちにとってコントロール可能な現実世界のパラメータに注目し，それを意図的に動かすことによって，「よりまし」な将来を選びとる可能性を模索するのである。ここでいうパラメータのなかに，新しいテクノロジーやアイディアが含まれうる。

　もちろん，予測できてもそれは万全ではない。予測することで悪い事態に対処し悲劇を回避できるのは望ましいことだが，何が「よりまし」な将来か，また悪い事態とは何か，その定義は誰にとっても同じとは限らない。地球温暖化の予測によって石油の利用を抑制する対処を実施することになるのだとしたら，それは産油国にとって悪夢かもしれない。利害は一様ではない。したがって，高度なシミュレーションによって予測を精緻化できること自体が常に誰にとっても幸福な未来をもたらすとは限らない。

　しかしながら，こうした問題に直面するのだとしても，将来予測の技術はいままで以上に必要とされている。より小さなエネルギー消費で，安心・安全な生活を確保し，少子高齢化社会に対応する必要性はかつてなく高い。ユビキタス情報社会の到来により「いつでも，どこでも，誰でも」ネットワークに簡単に接続できる情報基盤が整備されつつあり，これを活用した多種多様なサービスの創出が予想されるが，そうした社会を持続可能（サステナブル）なものとしていく必然性も確保しなければならない。

　これらのことに鑑みると，「よりまし」な将来を選び取るために，新製品や新サービスの投入が「出たとこ勝負」や「数撃てば当たる」といった，ベテランのカンや資源の大量投下に頼ることは許されないだろう。そうではなくて，消費行動の予測を行い，その予測力によってサービスする側と，それを求め消費する側とのあいだの，より精度の高いマッチングを行うには，人のふるまいまで考慮したサービス設計をめざすことになる。このことを本書は目標として掲げている。

　それは，個々の消費者の「心を操る」ということではない。ここで開発される技術は，消費者の側での製品やサービスについての能動的なプラスもマイナスも双方伴うコミュニケーションや，彼らの自発的なソーシャル・ネットワーク形成を前提としている点に留意すべきである。もちろん，手法とし

てクチコミ自体に働きかける，ネットワーク上で消費者とのあいだに新しい
コンタクトポイントを形成するように意図的に働きかける，というマーケテ
ィングはありうるのだが，第II部第4章でみるように，手法上の倫理的な
ガイドラインは強く意識されている。また，企業の社会的責任（CSR; Cor-
porate Social Responsibility）を果たすことが強く求められるなかで，ス
テークホルダーとしての消費者の位置づけが高まっている。そうした環境を
条件としての将来予測とそれへの対応がめざされるものである点をよく理解
すべきだろう。さらに，近年の環境問題やリスク認知研究に示されているよ
うに（中谷内・Cvetkovich, 2008），企業が消費者と価値を共有すると認識され
ることが，企業を信頼するカギとなる。両者の価値のコンフリクトを含意し，
一方のステークホルダーだけを利するような「心を操る」行動は決してカギ
ではない。

1) 第III部にみるように，ネットワークはこのように単純なつながりかたをして
   いるのでは必ずしもないが，当面の近似としてこのことは記憶しておきたい。
2) 「くちコミ」では，かっこを外してしまうと，ひらがなが混じるためにひとつ
   の単語として文章の文脈のなかで浮かびあがらないという，文章表現上の難点が
   ある。

# 第2章
## 研究の道具だてと方向性


## 2.1——本書の原点とその応用的展開

　本書が求める方向性は，コミュニケーションと消費についての新しい視点を導入し，従来は別個の領域で発達してきた複数の研究を統合・発展させる，という点にある。そこに到る何本かの研究の文脈とそれから見とおされる道程を概観しておこう。

　社会心理学にも社会学にも関連深い領域に，消費者行動研究やソーシャル・ネットワークの研究がある。いずれも研究の伝統は長く，すでに60年に達するが，そこでの問題は，個人の消費者行動の研究は多様で重厚であっても，その行動がコミュニケーションを通じていかにして社会全体への広がりをもつかという点に関して，一貫した実証研究が不十分であり，普及の予測や社会全体の変化を検討することが困難だった点にある。それは，ソーシャル・ネットワークのもつマクロな構造特性の研究の発展が，比較的近年であったということにもよる。

### 2.1.1 消費者行動研究の歴史的文脈を超えて
　一般に消費者行動の文脈で「コミュニケーション」というとき，送り手から受け手への一方向的な説得コミュニケーションが念頭に置かれがちであった。このことは，消費者行動におけるオピニオンリーダーの役割を詳細に検討した代表的な開拓者であるロジャースにおいても，当てはまる（Rogers, 1962, 2003; より詳しくは第II部参照）。ロジャースは消費のモデルを，「知識」「態度形成」「意思決定」「導入実行」「評価と確立」の5段階に分け，そのな

かで，マスメディアと対人コミュニケーションが効果的となる段階をそれぞれ明らかにするとともに，イノベーションのサービス属性がどのようなかたちで意思決定に関わるかを提示することに成功した。しかし，この一連の研究で前提とされていたコミュニケーションは，基本的に，ある商品を購入するように働きかける説得コミュニケーションであった。オピニオンリーダーも生産者の代理人でないとはいえ，商品の導入を説得する側に立つという視点に偏っていた。

　しかしながら，実際の消費者行動をそうした過程によって説明できる部分は大きくない。消費者は生産者からの情報を受け取りつつも，第1章で具体的なデータでみたように，周囲の他者とコミュニケーションを取りつづけ（クチコミである），製品やサービスの価値を能動的に判断し，自らの属するソーシャル・ネットワークのなかで，その価値のリアリティを確信し，行動に赴くのである[1]。

　いうなれば，コミュニケーションとは，説得コミュニケーションだけではない（池田，2000）。

　それは，広告の送り手の戦略のなかにも暗黙のうちに含まれる。商品の広告が説得コミュニケーションだけであったとするなら，多くの広告には説明のできない「ムダ」があるのである。高価な宝飾品やバッグの広告で直接説得されるべきターゲットはいかにも少数者であるのに，全国紙で全面広告をするメリットは何なのであろうか。数撃てば当たる，の論理だけで説明が可能だろうか。確率から考えれば，ターゲットをより絞りやすい女性誌や富裕層相手の広告の手法のほうが，ヒットする率は高いだろう。もちろんそうした手法も実践されてはいる。しかし，それらのみならず，全面広告はやはり必要とされている。このことから，広告コミュニケーションに説得以外の側面があることがみえてくる。

　広告コミュニケーションのもうひとつの重要な側面とは，広告された商品についての情報を共有することである。ひと目でわかる大きな宝石ならともかく，グッチはみかける人が「あれはグッチだ」と判断できてこそ威光を放つ。宝飾品やバッグの社会的リアリティはその高価さ，美しさについて多くの人が同意し，すばらしさのリアリティを共有することで社会的に共有され

たリアリティとなるのである。こうして稀少な価値をもち，多くが羨望する商品だと共有されてこそ，その需要が高まる。そのための全面広告である。同じことは高額なクルマでも当てはまるのみならず，共有という面に絞れば，ささやかな春の新作のチョコレートにも当てはまるだろう。おいしさや新しさを友人と話題化し，共有することが，その楽しみの本質的な一部なのである。ひとり密かに春の味覚を味わうものではない。したがって，広告についてのクチコミは，こうした文脈のなかで大きく共有役割を担う。

　同様の共有的クチコミは，消費者行動の説得役であるとされてきたオピニオンリーダーにおいてすら当てはまる。集団のなかに新しいイノベーションを導入するときに，幅広いコミュニケーションを誘発し，同一集団内の対人関係（一般的に「強い紐帯」ということがある）をとおしてそのイノベーションのすばらしさの社会的リアリティを共有させることが，彼の説得力の根底にある。このことがロジャースの発見したオピニオンリーダーの果たす，知られざる集団的な含意である。購買させるまで説得できずとも，少なくともその商品についての好意的な環境を集団内に形成するのである。この点に焦点を当てることは，消費者のコミュニケーション行動に対してこれまでと異なったアプローチを可能にする。

　換言すれば，こうした過程は単線的な説得→購買というモデルでは説明できない。従来の広告効果研究のように，単に商品を見た，試した，という研究に留まらず，ソーシャル・ネットワークのなかで人びとが製品やサービスについて語るときに，結果として何が生じるかを分析するモデルが必要とされている。つまり，ソーシャル・ネットワークのなかを駆けめぐる製品・サービスについてのコミュニケーション過程を考慮し，またそれがネットワークのなかでいかにして拡散するかについて，クチコミ，クチコまれる人びとの複数の社会的な役割を想定したモデルを構築すべきなのである。

　さらに1980年代以後発見された「マーケットメイブン（市場の達人）」の役割は，語るコミュニケーションの重要さをヨリ強調する。彼らは第II部でみていくように，オピニオンリーダー以上に説得的な役割をもたない存在であるが，彼らが社会的に重要なのは，異なるリアリティをもつような集団と集団のあいだを，コミュニケーションによって接続し（弱い紐帯的役割と

いう），そのことで新しいリアリティの伝播に大きな役割を果たすからである。説得はある意味で重いコミュニケーションである。「無責任」ではいられない。説得者と被説得者のあいだには，影響関係による暗黙の上下関係が存在しうる。一方，「語る」だけの役割はそうした重さをしばしば欠く。水平的に新しい情報を伝えるのみで，人の行動を変えることを意図しないからである。その軽さがマーケットメイブンの伝播力につながるのである。

### 2.1.2　ソーシャル・ネットワーク研究の歴史的文脈の上に立って

　1980 年代後半以後のソーシャル・ネットワーク研究の発展は，社会科学のなかで 4 つの重要な流れとなっている。

　第 1 は，マイクロなレベルでのネットワークのパターンに関する多くの実証研究の流れである。社会学の領域では 1970 年代の研究を発展させるかたちで，バート（Burt, R. S.）らが中心となって 1985 年のアメリカの総合社会調査（GSS）のなかに「ネットワーク・バッテリ」を組みこんだ（Burt, 1984）。これは，個人の視点からみた複数の重要他者の特性をとらえる質問項目群であり，この後，ある個人を起点とするソーシャル・ネットワーク・データ取得の標準的な方法となっていった。これと同時期に政治学では，ハックフェルト（Huckfeldt, R.）が個人とその重要他者双方からみたネットワーク・データを取得するスノーボール・サンプリング調査を実施し，個人の政治行動がその周囲のネットワーク上の他者にいかに規定されているかを明らかにした（Huckfeldt & Sprague, 1995）。これらの研究から，個人の認知・意見・行動のネットワーク規定性，つまりいかに周囲の他者の影響が大きいか，が描きだされただけでなく，個人と周囲他者との関係性の様態（家族なのか友人なのかといったつながりの種別，関係の同質性・異質性）のデータ分析によって，ネットワークのマイクロな構造的特性も明確になっていった（Marsden, 1987; McPherson et al., 2006）。

　第 2 の発展は，マイクロ－マクロな視点からネットワークの全体構造を論じうる理論が出現した点にある。その嚆矢は 70 年代のグラノベッター（Granovetter, M.）の「弱い紐帯の強さ」（strength of weak tie; Granovetter, 1973）の研究であった。ここでは，個人の転職が日常的に親しく接する

家族や友人などの「強い紐帯」の媒介に拠るよりは，日頃疎遠な知人程度の「弱い紐帯」を介する場合にヨリ強みのあることが明らかになった。こうして強弱で対比される紐帯が社会のマクロなネットワークを構成し，それらが個人にとってどんな社会的意味をもつのかが明らかにされていった。強い紐帯は個人のソーシャル・サポートやアイデンティティの獲得にプラスであるが，弱い紐帯は転職に限定されず個人の道具的目標の達成に有益であることが社会学・社会心理学の領域で明らかにされるとともに（Burt, 2005; Lin, 2001），政治学の領域では政治参加・社会参加・政治的寛容性といった社会的な目標の達成にプラスに作用する弱い紐帯の効果が明らかになっていったのである（Ikeda & Kobayashi, 2008）。後者ではソーシャル・ネットワーク研究と社会関係資本論（social capital theories）研究との相互乗り入れが始まり（La Due Lake & Huckfeldt, 1998），民主主義の基礎理論にも貢献する分野に育ちつつある。

　ネットワーク研究の第 3 の発展は，マクロなネットワーク全体の構造を対象にするものである。ミルグラムのスモールワールドの知見やロジャースの研究の発展（Rogers & Kincaid, 1981; Valente, 1995）はその初期の試みであるが，第 III 部で詳しく議論されるようにグラフ理論を用いた理論的展開は，現実のネットワークの構造と等価な性質をもつネットワークの数学的特性を明らかにしていった。

　第 4 の流れは，ネットワーク中の各頂点（個人）が隣接頂点（他者）の挙動によって変化するマイクロな変動から，システム全体の変容を追跡し分析するマルチエージェント・シミュレーションの手法によるものである。このことは，社会の変化をマイクロな起点からシステマティックに積みあげ，複雑系のなかのマクロレベルの予測を可能とするものである。初期の研究はゲーム理論で著名なアクセルロッド（Axelrod, R.）や，社会心理学で Social Impact Theory を提唱したラタネらによって試みられた[2]（Axelrod, 1997a; 1997b; Latané & Herrou, 1996）。その後分析を容易にする swarm や artisoc など複数のプログラムが開発され，ソーシャル・ネットワーク研究のみならず，国際関係論なども含む複雑系の研究に応用・発展させられている（たとえば Epstein & Axtell, 1996; 山影，2007）。本書では第 7 章で分析に応用される。

このような消費行動研究やイノベーションの普及過程研究の長い研究の歴史とその蓄積を考慮すると，本書でめざすモデル構築も，それらをプラットフォームとして出発する必要があるだろう。

## 2.2——整理される2つの視点

本書はこれら既存の手法を発展させるなかで，主に2つの整理を行うことから出発する。

第1に対人的なコミュニケーションの基本的要因を見なおし，また個人の消費者特性のコミュニケーション的特徴を整理する。まず，説得コミュニケーションがベースの消費行動モデルを見なおし，リアリティ形成のコミュニケーションの重要性を強調する。このことによって，私たちは特定製品・サービスに関するイノベーション採用のモデルとこの製品・サービスについて語る会話発生のモデルを構築する。この複合的視点を前提にして，消費者行動を予測するに際しては，従属変数として「購買」のみならず，商品の情報・評価を共有するようなリアリティ形成に関わるコミュニケーションについても検討していく。次にこれに関連して，オピニオンリーダーという消費者特性に加え，コミュニケーション伝播に強力な役割を果たす「マーケットメイブン」特性を導入する。

第2に，これら特性を消費者というエージェントのパラメータとして設定することで，よりリアルなソーシャル・ネットワークを近似するマルチエージェント・ベースのシミュレーションを展開する。マルチエージェント・シミュレーションを試みるには，2つのことが必要である。そのひとつは，製品・サービス属性，エージェントの属性，およびクチコミを含んだコミュニケーション全般と購買とを考慮したモデルの構築を行うことである。これを実証的に進めるにあたっては，スノーボール・サンプリング調査手法を用いて，消費者をクチコミ，クチコまれるクチコミの両側で測定するペアデータを獲得する。この調査手法は，従来のランダムサンプリングに基づいた一人ひとりの消費者の心理的な分析を可能にするのみならず，当該消費者のクチコミ相手となる他者とのあいだの関係性・クチコミの流通・影響の方向性に

ついてまで明らかにするものである。ここで得られたデータを基礎にしてソーシャル・ネットワークの現実的な様態を把握することが可能となり、それによってリアルなパラメータをもったマルチエージェント・シミュレーションを進められることになる。

　ただし、シミュレーションを行うには、設定されるネットワークの特性が現実のネットワークの構造と同等なものでなければなるまい。そこで、そうした行動的特性をもつネットワークを数学的に再構成する手順を経たうえでシミュレーションを実行する。この種の研究では、シミュレーション開始時の初期値（スタート時点での消費者の状態）、エージェント（消費者）間の相互作用、ネットワークの形状のそれぞれについての恣意的な仮定が問題だと指摘されている。このことでシミュレーションの結果とリアル世界との対応がつかないのではないか、と評される。本書では、現実世界のネットワークの形状と伝播過程とを踏まえたうえで、シミュレーションとリアル世界との照合プロセスを含めた手つづきを開発する。このことを通じて、シミュレーション手法の価値を高め、予測モデルへと精緻化する。このようにして、マイクロな行動・コミュニケーションのモデルからマクロレベルの社会の変化の予測へとつなげるリンクを適切に構築することこそ、肝要な点であり、またいままで実現されずにきた点でもある。

　なお、ここで何回か言及された「モデル」の語について、ここで述べた2つの視点でそれぞれニュアンスの異なる使われかたがなされていることを指摘しておく必要があるだろう。これらは以後の章でも繰り返し言及されるからである。まず、個々の消費者行動の現実のデータを取得したうえで「モデル」を構築すると述べているのは、消費の意思決定の（ときに消費者特性別の）モデルという記述モデルであり、現実の人間行動のデータを行動した本人から取得（測定）し、その判断と行動のロジックを形式化するというボトムアップなアプローチである。それは現象の記述から抽象的なモデルへと立ち上げるという方向性をもった現実のモデル化といってよいだろう。もちろんそこには判断と行動の心理過程についての理論的仮説の検証という過程まで含むのであるが。

　一方、ソーシャル・ネットワークの近似的な数学的構築やマルチエージェ

ント・シミュレーションにいう「モデル」は，やはり現実の記述を試みるモデルではあるが，モデル化のアプローチが逆方向である。ネットワークの数学モデルを構築し，それが現実の特性とどれだけ合致しているか，いわば事後的に当てはめを図るという方向で現実世界のモデルを記述するものである。そして，現実社会に存在するソーシャル・ネットワークの特性に合致するかぎりで（あるいはその特性を再現できるかぎりで），数学モデルが現実世界のモデルであると主張するのである。またこのモデルを前提としたうえで，シミュレーションを通じてネットワーク上で生じる社会の変化を予測できるかぎりにおいて（ここでは消費者行動とその社会的な普及の予測），このモデルは正しい，と主張する[3]。ソーシャル・ネットワークという複雑系の記述では，このようなアプローチが必要だと考えられる。現実世界の1万人のネットワークの相互作用の生じかたをボトムアップに記述するのは不可能ではないが（1万本の電話や1万サイトのブログのやりとりは，計量的に検討可能だろう），さらにそこで生じている影響過程を時系列でデータ取得しモデル化するのはどこまで単純化可能だろうか。最小努力でもっともシンプルな予測力あるモデル構築をすることが科学的探求の parsimony の法則（吝嗇の法則）にヨリ適合するのだとすれば，本研究のような事後的な当てはめに分があると考える。この規模の人びとのネットワーク関係を含んだ時系列的な消費行動に関するデータ取得の可能性を考えれば，なおさらである。ただし，20年前までならもっとも「けち」で有効なモデルはマスメディアの一方向的な説得モデルであったと思われるが，クチコミの重要性が増したいま，消費過程のモデルが本書で述べる程度までに複雑化するのは不可避である。

## 2.3——各章の展開

　以下，各章の紹介をして本書の概観をしよう。カッコ内は主たる執筆者である。
　第I部「ソーシャル・ネットワークと対人的コミュニケーション」は，第1章「消費者行動予測の入り口としての対人コミュニケーション」（池田謙

一）と，第2章「研究の道具だてと方向性」（池田）の2章だてで，消費者行動のなかでのクチコミの位置づけを行ったうえで，これを研究することの戦略的意義を強調した。そして研究の歴史的文脈を複数たどったうえで，スノーボール調査というボトムアップな消費者行動へのアプローチと，ソーシャルネットワーク・モデルの構築およびそのモデル上でのマルチエージェント・シミュレーションというトップダウンなアプローチの結合が，いかにリアルな社会変動のモデル，消費の社会的普及のモデルとなりうるかを力説した。

　第Ⅱ部「クチコミを計量する：スノーボール調査と消費者行動のモデル」の，第3章「消費者行動とクチコミ」（五藤智久）と第4章「クチコミ行動をモデル化する」（五藤）では，消費者行動研究の流れを示しながら，クチコミを含んだ消費者行動のモデル化の必要性を説き，その測定とモデル化への手順を示す。次いで第5章「スノーボール調査によるクチコミ行動の実証」（長谷川聖洋・富沢伸行）では，本書の研究で実施した3回の「スノーボール・サンプリング調査」の実施手つづきと知見を示し，クチコミ行動を精査する調査のインプルメンテーションと，そこで得られる異なるタイプの消費者，そのそれぞれの消費者タイプのクチコミを含んだ情報取得行動や情報伝達行動，およびクチコミによって消費者がどれだけ購買活性化されたり，消費の意思決定の段階を経るのかを，検討対象である携帯電話やソーシャル・ネットワーキング・サービス（SNS）の利用ごとに，消費の段階ごとに検討していく。さらに，クチコミが流れるソーシャル・ネットワークの特性を測定するために，知人数の推定に代表される「ネットワーク特徴量」を検討し，データを提示する。ここで示される複数の消費普及の基礎データはそれ自体が興味深い現代の消費者の姿である。

　なお，スノーボール・サンプリング調査実施の概略については，本書末に付録として掲載した。本書ではこれらの調査に何度も立ち返って議論を進める。

　私たちの住まう社会をソーシャル・ネットワークとしてとらえると，そこにどんな特徴が見いだせるのだろうか。ソーシャル・ネットワークのモデルには，いくつかの競合するモデルが提示されてきており，それぞれ特徴が異

なる。社会のなかのコミュニケーションのパターンがどのモデルによりよく
フィットするかには多くの議論がある。第 III 部「消費者行動はネットワー
クの網のなかで生じる」の第 6 章「ソーシャル・ネットワークをとらえる」
（吉田孝志）では，そうしたモデルを，現実のソーシャル・ネットワークの
特性を踏まえながら体系的に検討し，本書で採用するモデルとして「コミュ
ニティサイズモデル」を提唱する。次いでこの展開を踏まえ，スノーボール
調査で得られたリアルなコミュニケーションのネットワーク規模やコミュニ
ティ構造とフィットするモデルの構築を図る。ここでポイントとなるのは，
コミュニティサイズモデルを踏まえたうえでのネットワークと，コミュニテ
ィのサイズおよび分布の形状（次数分布）である。調査データから推定され
た両サイズと次数分布をパラメータとするソーシャル・ネットワークをコン
ピュータ上に再現する。

　第 7 章「消費者行動を予測する普及シミュレーション」（吉田）では，消
費行動のマルチエージェント・シミュレーションに進み，その結果を現実世
界のリアリティと照合するプロセスを示す。照合結果はシミュレーションが
適切であることを示唆している。この検討の過程を通じて，これまでの章の
実証データがどんなかたちで活用されていくかが明らかとなる。

　第 8 章「クチコミとネットワークからサービスイノベーション研究へ」
（池田・井口浩人）では，全体のまとめを行ったあと，サービスイノベーショ
ン研究という視点から，本書の研究がもつ位置づけを，産学の双方からそ
れぞれ検討する。「産」側からは各種サービス技術に果たす可能性が考察さ
れ，また「学」側からは，社会心理学の応用領域としてのサービスイノベー
ション研究のふたつの発展可能性が論じられる。このことで本書がもたらし
た研究の可能性の射程が見とおされる。


1) この点は，ロジャースも気づいていたと思われるが，研究のモデルのなかには
うまく取りこめていない。
2) この研究はエージェントとして生身の被験者を用いている。
3) 社会心理学におけるマルチエージェント・シミュレーション・モデルの重要性
は，近年のスミスら（Smith & Conrey, 2007）の論点が簡明にして要を得てい

る。ただし，彼らの視点は本書にいう記述モデルとマルチエージェント・モデル
とを極端に対比させすぎ，後者のシンプルさを強調しすぎである。後者でも最後
に肝要なのは経験データとのマッチングであることを考えれば，極端に対立させ
る意義はない。

第 II 部

# クチコミを計量する

スノーボール調査と消費者行動のモデル

# 第3章

## 消費者行動とクチコミ

　ヒット商品は，必ずしも新機能・高性能を備えたものばかりとは限らない。「流行る商品」には，それについて語りを誘発し，消費者の心を「ヒットする」何ものかがある。新機能や高性能の驚きはその一部にすぎない。新しい生活を提案する新サービス，目からウロコの新製品，人と人をつなぐ新サービス，遊び心をくすぐる新製品，といった新商品のもつ輝きは，「クチコむ人」から「クチコまれる人」へと伝播することで増していく。インターネットの普及した現代では，そのようなクチコミ行動はしばしばネット上で可視化され，インパクトを増し，マーケティング研究でも意識されるようになった。

　マーケティングの効率向上には，このクチコミ行動の分析が不可欠といえるが，ひとくちにクチコミ行動といっても，伝えられる情報の種類や質はさまざまで，得た情報をどう認識し，どう伝えるかも，また，さまざまである。商品について詳しく説得的で合理的なクチコミもあれば，感情の交じった使用感を伝えるものもあるであろうし，また，商品にプラスの情報もマイナスの情報もあるだろう。伝える側が類似商品の熟知者であることもあれば，そうでないこともある。また，伝えられる側にとって親しい人からの情報であることもあれば，そうでないこともあり，対面で話すこともあれば，ネットのブログ経由の情報かもしれない。新聞広告か，テレビCM，あるいはネットの検索連動広告かによっても異なるのである。

　こうした複雑極まりないクチコミ行動をどのように実証研究の枠組みでとらえるべきだろうか。クチコミ行動を含む消費者の購買行動は，主観的あるいは直感的に見受けられ，また，動的で創発的であるという側面がある。そのため，目にみえにくく，とらえるのが困難である。しかし，社会心理学や

文化人類学などの社会科学的知見と，複雑系などの工学的知見を組みあわせる研究が活発化したことが，クチコミ行動のモデル化と実証に寄与することを示そうと本書では企図している。

　ここでは消費者行動を定義したあと，消費者の購買行動がどのように検討されてきたかを説明しながら，そこで提示されてきた消費に関わる意思決定がコミュニケーションの概念化のなかでクチコミ行動のモデル化をどのように可能としたかをみていこう。まず，個人の意思決定としての消費者行動をみていき，ついで消費の対象である商品やサービスが社会過程としてどのように普及するか，この点に焦点をあてたイノベーション研究を検討しよう。とくに，イノベーション研究では，クチコミの主たるプレーヤーである「オピニオンリーダー」や「マーケットメイブン」という消費者類型が登場する。

## 3.1——消費者行動とは

　生きることは消費することである。現代では衣食住を快適に継続していくための消費はもちろんのこと，私たちは最新の車や化粧品やデジタル家電など，いわゆる嗜好品，贅沢品と目されるものからも，常に購買への欲求をかきたてられる。いまや社会は消費することで成立し，私たちが積極的な消費者たることで，世界経済が成り立っているとさえいえる。

　消費者行動を厳密に定義すると，消費行動，購買行動，購買後行動の3つの側面に分けられる（杉本, 1997）。消費行動は貯蓄と消費の配分，消費支出の配分という，いわゆる，お金の配分を決定する行動であり，また，購買行動は製品クラスの選択，店舗選択，ブランド選択，モデル選択という選択行動である。さらに，購買後行動は使用行動や保管・廃棄，リサイクルの決定を示す。このなかでもっとも消費者心理が働くものは，「購買行動」であり，マーケティングで注目されるのも，この購買行動である。この観点から，消費者を定義するならば，消費者とは，「対価を払うことで製品を購買しそれを使用する，もしくは，サービスを受け入れてそれを利用する者」といえよう。ただし，近年の SNS やネットゲームサービスに代表される無料サービス化の流れを勘案すると，必ずしも，対価＝お金，という概念は当てはまら

なくなってきているともいえる。

　私たち消費者は，何をもって購買に踏みきるのであろうか。それこそが，生産者，販売者である企業のもっとも必要とする情報である。このことにもっとも関わるのが，企業では製品をより多く効率的に売るしくみであるマーケティング活動になる。そうしたマーケティングの定義は，しばしば改訂されている。アメリカ・マーケティング協会によると 1985 年には，Product（製品），Price（価格），Promotion（促進），Place（流通）という，いわゆる「4P」の概念が導入され，マーケターが市場から期待する反応を抽出するための戦略を細分化し，さらにそれを組みあわせる手法がとられるようになった。2004 年には，現在のマーケティング活動の柱となる「主体は消費者にある」という考えかたが登場した（Gundlach, 2007）。これまでの売り手側のアイディアや戦略に頼った販売活動が限界につきあたっていること，一方で，消費者が入手しうる情報が急速に拡大し，消費者が製品やサービスに対する検討力を身に付けたことで，既存の戦略が適用しがたくなったこと，この双方による自然な流れがここでの新しい流れを支えている。

　よく考えてみれば，消費は相互的な過程である。生産者や販売者がもっとも売りたい，もしくはもっとも利益が出る商品が，よく売れる商品ではない。マーケティングを，一種消費者をあざむく方略のように考える皮肉な見かたもあるが，それは消費者を操作される無能な大衆だと規定する大衆社会論の見かたを踏襲したものにすぎない。実際には消費者は売る側の意図を推し測り，互いに語り，何が自らにプラスかを考える能動的な意思決定者であり，売る側は，消費者と呼応し協調する，つまり，消費者の満足を高めることに重きを置かなければ，マーケティングはたちゆかない。それが，「主体は消費者」であり，消費が相対的な過程であるということの意味である。

## 3.2——消費者行動のモデル化

　消費者の価値観の多様化，それに伴う消費者行動に影響を与える要因の増加が，企業でのマーケティングをますます困難なものにしている。そして，消費者主体，クチコミ効果の重要性拡大という流れのなか，マーケティング

の視点からみた消費者行動モデルが数多く提案されてきた。

　これらのモデルは，どのように発達あるいは発展してきたのであろうか。モデルを分類する方法はいくつかあるが，消費者の購買行動に至るまでの意思決定を心理的プロセスでとらえようとする「消費者の心理的意思決定モデル」，および消費者の全体的な行動を包括的で概念的に理解するための「消費者の包括的意思決定モデル」についてみていこう。消費者の判断の過程をどのように現実に即したかたちでモデル化するかが，そのマーケティング手法の成否に繋がるといってもよく，今後，消費者行動のモデル化の研究のさらなる活発化が予想される。ここでは，その代表的なものを取り上げる。もちろん，全ての消費者が特定のモデルに沿った行動をとるとは限らない。しかし，モデルというものが，消費者の行動を理解する際の助けになることはまちがいない。

### 3.2.1　消費者の心理的意思決定モデル

　消費者の製品やサービスに対する態度の変化を説明したモデルとして，表3-1 に示す AIDA（アイダ），AIDMA（アイドマ），AIDCA（アイドカ），AISAS（アイサス），AIDEES（アイデス）の 5 つのモデルを紹介する。各モデル名はモデルを構成するプロセスの頭文字をとった略称である（Attention; 注意，Interest; 興味・関心，Desire; 欲求，Action; 行動，Conviction; 確信，Memory; 記憶，Search; 検索，Experience; 経験，Enthusiasm; 熱中，Share; 共有）。

　AIDA モデルは，消費者が，ある製品やサービスを知り，購入へと至るという消費者行動が，Attention（注意）→Interest（興味・関心）→Desire（欲求）→Action（行動）というプロセスで進展していくとしている。このモデルは消費者の心理的な変化の過程を表した最初のモデルであるといえる。1898 年に ルイス（Lewis, S. E.）が提唱したものである。

　AIDMA モデルは，現在，もっとも広く知られたモデルであり，マーケティングの領域で長らく利用されてきたものである。AIDA モデルに Memory（記憶）というプロセスが加わっていることが特徴である。消費者が，製品やサービスに対する欲求が発現したのち，記憶というプロセスを経て購

表 3-1　消費者行動のプロセスを定義するモデル

| モデル名 | プロセス | | | |
|---|---|---|---|---|
| AIDA | Attention→Interest→Desire | | →Action | |
| AIDMA | Attention→Interest→Desire→Memory | | →Action | |
| AIDCA | Attention→Interest→Desire→Conviction→Action | | | |
| AISAS | Attention→Interest | →Search | →Action | →Share |
| AIDEES | Attention→Interest→Desire→Experience→Enthusiasm→Share | | | |

買という行動に至るとしている。マーケティングのなかで製品を記憶しても
らうことの重要性を強調したモデルである。1920 年代にホール（Hall, S.
R.）により提唱された。

　AIDCA モデルは，AIDMA モデルの Memory（記憶）が Conviction
（確信）に置き換わったもので，購買行動を起こすまえに，製品やサービス
を記憶するだけではなく，各自が自分の十分条件に照らしあわせて納得に至
るというプロセスを経ることが重要であるという考えかたである。これは，
1925 年にストロング（Strong, E. K.）により提唱された。

　AISAS モデルでは，AIDMA モデルでの Desire（欲求），Memory（記
憶）が Search（検索）として集約され，さらに，Action（行動）後に，
Share（共有）のプロセスが加わっていることが特徴である。このモデルは，
インターネット時代の消費者行動をとらえるプロセスとして注目を集めてい
る。製品の情報は消費者によって能動的に検索され，また購買の前後を通じ
てクチコミなどのかたちで製品への期待や使用感，評価が広範に語られるこ
とを強調している（電通，2007）。

　AIDEES モデルは，Attention（認知）→Interest（興味・関心）→De-
sire（欲求）の後に Experience（経験）→Enthusiasm（熱中）→Share
（共有）というプロセスをとり，消費者の経験を通した感動的な価値の提供
に重きを置いているところが特徴であり，ポスト AIDMA として注目され
ている（片平，2006）。ここで特筆すべきは，製品やサービスの購入に際し，
熱中するほどの感動体験がクチコミに発展していくことである。

　AISAS や AIDEES の提案は，ICT（Information and Communication
Technology）の発展に伴い，クチコミが製品普及に大きな影響を与えるこ

とを示唆している。その検討を援ける技術も発展した。富士通研究所は文章を解析して評判情報を抽出し，AIDEES モデルに基づいて分析する技術を開発している。また，ニフティ（Nifty）ではその技術を活用し，ブログ記事を主な対象として，プロモーションの前後でのネット上での評判や話題の変化等を時系列で分析するマーケティングサービス「バズパルス（Buzz-Pulse）」を提供している（富士通研究所，2007）。

　このように消費者行動のプロセスモデルの発展過程には，人間という意思決定者の「心のプロセス」から，その内面性を超えて，自らが発信者となりクチコミを通して他者と消費についてその意味や消費する楽しみを共有するというコミュニケーション過程を含めたモデルへと進むという側面をみてとることができるだろう。

### 3.2.2　消費者の包括的意思決定モデル

　消費者行動のプロセスモデルが経験則や現場からの積み上げに根ざした帰納的なモデル構成を行っているのに対し，消費者の包括的意思決定モデルは心理学的な理論から導きだされた側面の強い演繹的なモデルという色彩が強い。

　その先駆けとして，ハワード－シェスモデル（Howard & Sheth, 1969）が挙げられる。このモデルはブランド選好に対する学習という点に重きを置いたモデルであり，刺激から反応という単純な直線的過程の線上に人間の複雑な知覚や，学習の概念を組みこんだものである。その後登場したのがベットマンモデルである（Bettman, 1979）。消費者行動を解明するために，ベットマンが構築した情報処理型モデルの特徴は，消費者の情報処理能力には限界があるため，その能力の範囲内で製品やサービスを選択すると仮定している点と，消費者を刺激に反応するという受動的な主体ではなく，みずから目標を設定しその目標を達成するためにさまざまな情報を集める能動的な主体だと仮定している点にある（清水，1999）。このような情報処理能力の限界（制約）と情報処理の能動性の仮定は，「限定合理性」（bounded rationality）の概念を経営行動，組織論研究からいちはやく打ちだしたサイモン（Simon, 1947）の視点ともよく対応している。彼が 1978 年にノーベル経済学賞を受

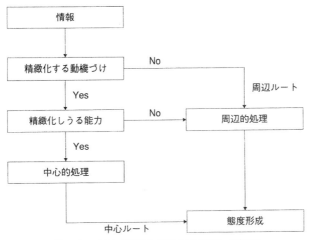

図 3-1　ELM（精緻化見込みモデル）の概要

賞するとともに，認知心理学，人工知能，経済学に広く影響を与えていることから推測されるように，このようなモデルの展開は 20 世紀後半の知的な流れのうえで考案されたものであった。

　ベットマンモデルとは別に，社会心理学の分野で発展をとげた精緻化見込みモデル（Elaborate Likelihood Model; ELM）は，さらなる消費者の意思決定モデルの展開を可能にするものだった。図 3-1 は ELM の概念図である。ELM はペティとカシオッポ（Petty & Cacioppo, 1986）により提案されたもので，消費者の態度形成を中心ルートと周辺ルートというふたつのルートから構成されると想定する。商品の情報に接触した消費者はふたつのルートを考慮のいずれかを条件によって選択する。これは非意図的な選択である。

　中心ルートでは，論理的に製品やサービスが評価される。つまり，製品やサービスの性能などの本質的情報が態度を決定する。これは合理的な意思決定の側面を色濃くもつ。商品の重要な属性の重みづけによって商品に対する態度を決定するモデルに近い。一方，商品情報に接触しても精緻化して検討するほどの動機や，検討を行う能力がなければ，消費者は直接その情報に関係しない周辺的な内容により評価を行うことになる。つまり周辺ルートをたどる。商品を広告しているタレントの魅力を手がかりに購買したり，みんな

が飛びついているから自分も追随するような行動を導く処理である。しばしばそこにはヒューリスティックな情報処理が伴う。つまり詳細な判断ではなく，一面的な商品の魅力や他者の判断を手がかりとした簡便な判断に支配されやすくなる。

　精緻化見込みモデルを理解するうえで重要なことは，消費者が外部から与えられた情報で直線的に態度を決定するわけではなく，情報を入手したあとの判断経路により，態度の決定が左右されるということである。

　このように，消費者の意思決定の心理的プロセスの記述と予測は認知心理学，社会心理学の成果をもとに高い精度で行うことに成功してきたが，そこには大きく欠けた視点がある。消費者は社会的文脈のなかに置かれており，たんに外部から情報を受けとって自らの消費の判断を下すだけの存在ではなく，能動的に商品やサービスについて語り，ときに否定的な言明まで行い，普及過程に影響を与えるクチコむ存在であるという視点である。おそらくそうした社会的なプロセスは関心の対象ではなかった。

## 3.3——サービス普及の概念

　消費の社会的なプロセスを研究するとは，製品やサービスが社会のなかでどんなかたちで普及していくか，消費者が広告やCMをどう受けとめ，どのようなクチコミを経ながら受容されていくかを明らかにすることにほかならない。社会のなかで，ある時間軸に沿って製品やサービスが採用されていく消費の社会過程を記述するモデルがさらに必要な理由である。

　このような製品やサービスの普及の様相をより的確にとらえるためには，まず製品やサービスの購買に至る消費者の特徴を分析し，分類していく作業が不可欠となる。誰が最初に購買に至り，誰が続くのか，誰がどんなクチコミの伝達者になるのか，である。次に，多くの事例の分析から導出された普及に関するふたつの理論を概観する。これらの理論は，マーケティング業界に強い影響を与え，現在でもマーケティングを行ううえでの基本となっている。

**表 3-2　イノベーションの採用速度を決定する変数** (Rogers, 1983)

| | |
|---|---|
| I　イノベーションの主観的属性 | 1. 相対有利性<br>2. 両立可能性<br>3. 複雑性<br>4. 試行可能性<br>5. 観察可能性 |
| II　イノベーションの決定のパターン | 1. 任意の個人的決定パターン<br>2. 集合的合意に基づく決定パターン<br>3. 権限に基づく決定パターン |
| III　コミュニケーション・チャンネル | マスメディア・チャンネルか<br>対人チャンネルか |
| IV　社会システムの性質 | 社会規範，ネットワークの相互連結の度<br>合いなど |
| V　チェンジ・エージェントの努力のかけ方 | |

青池・宇野邦訳（1990）を参考に作成

### 3.3.1　ロジャースの普及理論

ロジャースは 1962 年に『技術革新の普及過程（*Diffusion of Innovations*)』という本を著した（Rogers, 1962）。この著書は 2003 年に第 5 版が出されるまでしばしば大きな改訂を加えられ洗練された。ロジャースは，普及に関わる主要 4 要素として，①イノベーション（個人あるいは他の採用者単位によって新しいと知覚されたアイディア，習慣，ないしは対象物で，本書の文脈では製品やサービスを指す），②コミュニケーション・チャンネル，③時間，④社会システムを挙げている。人間の行動を説明するのに製品やサービスの主観的な認識が決定的に重要であり，表 3-2 に示す 5 つの主観的属性（相対有利性，両立可能性，複雑性，試行可能性，観察可能性）が，採用速度（イノベーションが社会システムの成員によって，採用される相対的な速さ）に大きな影響を与えるとしている。イノベーションの採用速度の統計学的な分散の大部分（49〜87%）が，この 5 つのイノベーションの主観的属性により説明される（Rogers, 1983）。

主観的属性のうち，相対的有利性とは，新たに登場したイノベーションが既存のイノベーションよりも良いものであると認知される度合い，両立可能性とはイノベーションが既存の価値観，過去の体験，そして潜在的採用者の

ニーズと相反しないと認知される度合い，複雑性とはイノベーションを理解したり使用したりするのが相対的に困難であると認知される度合い，試行可能性とはイノベーションを体験しうる度合い，観察可能性とはイノベーションの結果が他の人たちの目に触れる度合いのことである。つまり，Ａという新製品がＢという製品に比べて明らかに良いとわかり，以前から欲しかったものにＡがとても近いものであり，しかも，Ａは自分でも簡単に操作できる製品だと納得し，自分で手にとってみることができ，使っているのが他人にみえて普及の様子が観察できることこそが，イノベーションが普及する過程において最重要なのである。

　イノベーション決定の単位には3つの異なるパターンが存在する。①任意的な個人のイノベーション決定では，社会システムの他の成員の意思決定とは関係なく，個人によってイノベーションを採択するか否かの選択が行われる。②集合的なイノベーション決定では，社会システムの他の成員のあいだに合意が形成されることによってイノベーションを採択するか否かの選択が行われる。③権限に基づくイノベーション決定では，強制力，地位，あるいは技術的な専門知識をもった社会システム内の少数の人たちによって，イノベーションを採択するか否かの選択が行われる。これらの3種類のイノベーション決定は，任意の個人的な意思決定から集合的な意思決定を経て，権限に基づく意思決定に至るまで連続した線上に存在するとされる。また，決定の種類によって実行される場所が異なる，集合的ないし権限に基づく意思決定は，工場，学校や政府などで頻繁に実行され，任意の個人的な意思決定は，農業分野や個人消費者の行動において実行されることが多い。

　コミュニケーション・チャンネルには，ラジオ，テレビ，新聞などによってメッセージを伝達するマスメディア・チャンネルと対面的な情報交換である対人チャンネルがある。イノベーションの決定過程において，マスメディア・チャンネルはイノベーションの気づきの段階で重要であり，対人チャンネルは新しいアイディアを受け入れさせる段階で重要とされている。

　社会システムとは，共通の目的を達成するために，共同で課題の解決に従事している相互に関係のある成員の集合である。イノベーションの普及はこの社会システム内で発現する現象である。そこには成員で構成されるネット

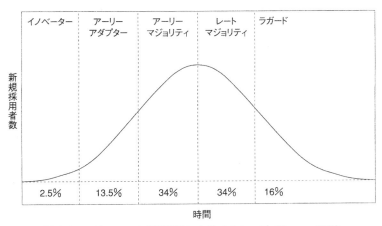

| イノベーター | アーリー<br>アダプター | アーリー<br>マジョリティ | レート<br>マジョリティ | ラガード |
|:---:|:---:|:---:|:---:|:---:|
| 2.5% | 13.5% | 34% | 34% | 16% |

図 3-2　ロジャースの普及理論によるベルカーブ（Rogers, 1983）

ワークと個々の成員がそのなかである一定の位置を占めているという構造が
あり，同時に社会規範が存在している。この社会システムのなかで，他の成
員に対して情報を提供したり助言をしたりして大きな影響を与えている成員
を「オピニオンリーダー」というが，社会システムの外部からイノベーショ
ンの普及が望ましい方向に向かうように影響を与える専門家を「チェンジ・
エージェント」という。たとえばディーラーや販売員はその例である。
　ここまで述べてきたいくつかの要因は，イノベーションの採用速度を左右
する要因であったが，ロジャースはさらに普及過程の一般化を提唱し，社会
全体の普及過程のなかで購入の意思決定が早い順に，消費者を 5 段階に分類
した。図 3-2 に示されるように，新商品は時間の経過とともに次々と消費者
に採用され，市場に普及していくのであるが，これを 5 分類したのである。
きわめてよく知られているこの分類では，イノベーター（Innovators; 革新
者）がまず新製品や新サービスを導入し，次にアーリーアダプター（Early
Adopters; 初期採用者），その次にアーリーマジョリティ（Early Majority;
前期多数採用者），さらには，レートマジョリティ（Late Majority; 後期多
数採用者），最終的にラガード（Laggards; 遅延者）が導入順に並ぶ。
　表 3-3 は，この消費者分類の各カテゴリーの特性をまとめたものである。
ロジャースの洞察はこの特徴づけのなかにある。イノベーターは少人数であ

表 3-3　ロジャースの普及理論による採用者分類 （Rogers, 1983）

| 消費者分類 | 特性 |
|---|---|
| イノベーター<br>（革新者） | 新しいアイデアや行動様式を最初に採用する人々。彼らは社会の他の大部分のメンバーがそれを採用する前に採用に踏み切る。したがって彼らは社会の価値からの逸脱者であり冒険者である |
| アーリーアダプター<br>（初期採用者） | 進取の気性に富んでいるが，革新者に比べて社会の価値に対する統合度が高く，新しいアイデアや行動様式が価値適合的であるかどうかを判断したうえで採用する。革新者ほどには社会の平均的メンバーとかけ離れていない。そのため彼らは最高度のオピニオン・リーダーシップを発揮する |
| アーリーマジョリティ<br>（前期多数採用者） | 社会的には比較的早くイノベーションを採用する |
| レートマジョリティ<br>（後期多数採用者） | 社会の平均的メンバーが採用した直後に採用する。新しいアイデアの有用性に関して確信を抱いても，採用へと踏み切るためにさらに仲間の圧力によって採用を動機づけられることが必要な大勢順応型である |
| ラガード<br>（遅延者） | イノベーションを最後に採用する人々であり，彼らの大部分は孤立者に近い。疑い深く，伝統志向的である場合が多い |

青池・宇野邦訳（1990）を参考に作成

り，新製品や新情報に対する感度が高い割には，新商品が与える利得にあまり注目しない。このイノベーター層には，「オタク」とよばれる人も含まれるものと思われる。新しいものを試すことに喜びを感じる層である。一方，アーリーアダプターは当の製品やサービスがもたらす便益に注目し，そこで得られる新しい利得を自らのネットワークを通じて他者に伝える存在である。この伝達行為こそイノベーションの普及にとって肝要なポイントである。オピニオン・リーダーシップが発揮されるポイントなのである。

　イノベーターとアーリーアダプターは合わせても市場全体の 16％ にすぎない。新商品がより広く普及するためには，この 16％ を越える必要がある。つまりこの点がアーリーマジョリティ，レートマジョリティに広がりをみせるかどうかの分岐点である。普及がより進むには最初の 16％ がもたらす伝達行為に大きく依存することになる。いずれにせよ，こうした分類だけからでもわかるのは，大多数の消費者をまとめて，ひとりの消費者ととらえるような従来のマスマーケティング的思考法で無作為に行うマーケティングの非

効率性であろう。また，イノベーターやアーリーアダプターという採用者層を適切にとらえることが広範な普及に対してカギとなることが理解されよう。

### 3.3.2 キャズム理論（普及理論の拡張）

ムーア（Moore, 1991）は，ハイテク分野のマーケティング分析から，利用者の行動様式に変化を強いるハイテク製品においては，ロジャースの普及理論のベルカーブを構成する5つの採用者区分のあいだにクラック（Crack; 隙間）があり，そのなかでも，とくにアーリーアダプターとアーリーマジョリティのあいだには容易に越えられない深く大きな溝があるとし，これをキャズム（Chasm）と呼んだ。この理論は，マーケターにとってキャズムを越えてメインストリート市場を開拓するためには，「他人よりも先に行きたい」とするアーリーアダプターへの普及を考えるだけでなく，「他人と同じことをしたい」とするアーリーマジョリティに対するサポートも重要であることを強調しており，より長期的なマーケティング活動を意識したものとなっている。

ロジャースはこのキャズム理論に対し，採用者カテゴリーは実際の観察に基づいて比較可能なように整理された「理念型（経験的な観察から導き出された抽象概念）」であり，例外や逸脱が存在し，固定して考えられるべきではない，としたうえで，これまでの研究には，採用者カテゴリー間に「キャズム」が存在するという主張を裏づける知見はなく，採用の早さの指標である革新性が適切に測定されるならばそれは連続的な変数であって，隣接する採用者カテゴリー間には明瞭な断絶や不連続は存在しないとしている（Rogers, 2003）。

## 3.4──消費者を分類する

マーケティング研究によれば，「消費者類型」によりその消費者行動は大きく異なるものとされ，その消費者類型ごとの消費者特性を正しく抽出することによって，社会全体への波及を浮かびあがらせることが可能となる。目的によりその分けかたは異なるが，消費者のモチベーションという点に焦点

をあてた手法として，スタンフォード・リサーチ・インスティテュート（SRI）のバルス（Values and Lifestyle; VALS）がとくに広く用いられている。この研究組織とNTTデータが共同開発したジャパンバルス（Japan-VALS）では，前述したロジャースの普及理論と，人は自分に似たものを求めるという心理学の類似性理論を活用して，イノベーションパワー軸（新しいものを受け入れる速さ）と価値軸（客観的・主観的）という2軸を設定し，消費者を10タイプに分類している。

　しかしながら，クチコミというものをとらえるためには，消費者間でのインタラクション（Interaction; 相互作用）を踏まえた新たな軸の設定が必要となる。そのような軸の設定を可能とするためにオピニオンリーダーとマーケットメイブンの概念を検討しよう。

　ある商品ジャンルにおいて強い影響力をもつ消費者を「オピニオンリーダー（Opinion Leader）」とよぶ（Katz & Lazarsfeld, 1955）。オピニオンリーダーは，消費行動を理解するうえでの重要なタイプとして長く研究の対象とされてきた。ロジャースのカテゴリーでは，アーリーアダプターにもっとも多いとされるこのオピニオンリーダーは，いわゆる「周囲他者に影響を与える者」として定義されている。また，近年「マーケットメイブン（Market Maven; 市場の達人）」とよばれる，オピニオンリーダーとは異なる特徴をもつ消費者も，消費者全体の消費者行動を理解するうえで重要だと認識されるようになってきた（Feick & Price, 1987）。

　図3-3はオピニオンリーダーとマーケットメイブンの概念図である。オピニオンリーダーはある限られた分野において深い知識を保有し，製品やサービスに関する自分なりの評価や意見を発信する。新製品やサービスを早い段階でみずから購入する。この購買経験を経るために，そのコミュニケーションの説得性は高く，周囲の他者の意思決定に大きな影響を与える。

　一方，マーケットメイブンは「流行情報，お買い得情報など，市場全般の広く浅い情報を把握している」といわれる（呉，2005）。マーケットメイブンはオピニオンリーダーのような説得的な役割をもたない。しかしながら，近年，その重要性が認識されるようになったのは，彼らが弱い紐帯をもつからである。つまり，異なるリアリティ（現実感）をもつような集団と集団のあ

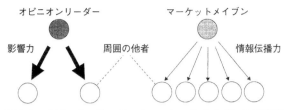

オピニオンリーダー　　　　　　マーケットメイブン

影響力　　　　周囲の他者　　　　情報伝播力

**図 3-3　オピニオンリーダーとマーケットメイブンの模式図**

いだを接続し，気軽なコミュニケーションで新しい情報を数多く伝播する。グラッドウェルのエスノグラフィックな記述によれば，「（マーケット）メイヴンで重要なことは，彼らが受け身の情報収集家ではないという点である。ただたんにコーヒーをどうやったら安く買えるかということに執着しているのではない。彼らを特異な存在にしているのは，どうすれば良い買い物ができるかがわかったら，それを他人に教えたがっているというところなのである。メイヴンとは，じつにさまざまな製品や価格，場所などについて情報を持っている人のこと。この種の人は消費者と話し合ったり，その要望に応えたりするのが好き」なのである（Gladwell, 2002, 訳書 p. 89）。マーケットメイブンを通じた弱い紐帯は，こうして集団のあいだを結ぶ伝達経路の役割を果たす。

　池田は，他者に影響を与える度合いをオピニオンリーダー度，幅広く情報を提供する度合いをマーケットメイブン度とし，この 2 尺度（オピニオンリーダー度と，マーケットメイブン度の尺度は直交）を用いて消費者を分類した。その結果，たしかにオピニオンリーダーとマーケットメイブンの特徴を兼ね備える消費者が存在することを示している（池田, 2008）。池田はこの新しい消費者を「リーディングコンシューマー」と名づけており，本書でもその語を使うことにする。

　図 3-4 はオピニオンリーダー度（OL 度），マーケットメイブン度（MM度）の各尺度を，それぞれ大小のふたつに区切ることにより，消費者を 4 つに分類したものである。リーディングコンシューマー以外にオピニオンリーダー度のみ高いオピニオンリーダー（OL），マーケットメイブン度のみ高いマーケットメイブン（MM），いずれも低いフォロアー（FL）に分類される。ここで考慮すべきは，リーディングコンシューマー（LC）という新しい消

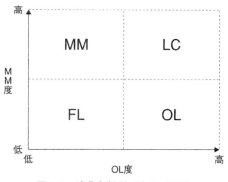

図 3-4　消費者類型 (池田, 2008)

費者の詳しい特徴, さらには彼らが一体どのような経緯で現れたのかということである。

　池田の分析から, 消費者類型ごとの情報発信動機を評価した結果, 評判と互酬性の動機に関してリーディングコンシューマーが図抜けて強く, 特定製品知識が豊富だという結果が得られている。このようなオピニオンリーダー的な特性とマーケットメイブン的な特性を併せもつ強力な消費者が現れたひとつの背景には, インターネットの発達が大きく寄与しているだろう。インターネットというパワフルなツールにより, 人びとが容易に大量の情報を収集でき, また, 発信できるようになったためである。商品の詳細なスペックや専門的な評価, 価格の比較も検索によって調べることが容易である一方, ブログや SNS を通じて, クチコミとしてこの商品をみずから評価したり, 使用した経験をつづったり, 写真をアップロードするなどの発信行為も広く普及したことが背景だろう。

　4つの消費者類型の特徴をまとめると表 3-4 のようになる。このようなかたちで消費者のクチコミ行動を整理することで, 消費者間の繋がりやインタラクション (相互作用) をより的確にとらえることができ, 実社会のネットワークの可視化やクチコミの効果の推定へと繋がるものと考えられる。

　以上みてきたように, 普及理論から発展した消費者類型の研究では, クチコミが普及の社会プロセスのなかでもつ役割がモデル化しやすくなる手がかりが多く提供されている。どんな主観的属性をもつイノベーションが, どん

表 3-4　クチコミの影響力に関する消費者類型

| 消費者類型 | 興味範囲 | 知識 | 会話頻度 | 説得性 | 会話範囲 |
|:---:|:---:|:---:|:---:|:---:|:---:|
| LC | 多面的 | 深 | 多 | 強 | 広 |
| OL | 特定的 | 深 | 中 | 強 | 狭 |
| MM | 多面的 | 浅 | 多 | 弱 | 広 |
| FL | 特定的／なし | 浅 | 少 | 弱 | 狭 |

なコミュニケーション・チャンネルを経て（マスメディア経由なのか，他者からのクチコミ経由なのか，など），どんな消費者類型の消費者によって語られるのか，そして，それが社会のなかでの普及過程の，どの段階で生じるのか，これらの関数としてクチコミをとらえる方向性が明瞭にみえるのである。

# 第4章

# クチコミ行動をモデル化する

　第1章で説明したように，クチコミとはインフォーマルな対人的コミュニケーションを通じて製品やサービスの評判などがソーシャル・ネットワーク内を伝達する現象である。一般に大量の不特定多数の受け手に情報を送るマス・コミュニケーション（略してマスコミ）との対比として使われている。英語では「ワード・オブ・マウス（WOM）」とよばれており，それは次のように定義されている（Arndt, 1967）。

　1）話し手と受け手のあいだの口頭でなされるコミュニケーションで

　2）受け手が非商業的と知っているコミュニケーションであり

　3）ブランド，製品，サービスに関する内容を含むものである

　クチコミは非商業的であるという点で，広告，PR や CM といった営利活動，すなわち，サービスや製品を売るための手段とは大きく異なる。あなたは，家族や友人が放ったひとことがきっかけになり，何気なく手に取った製品を衝動的に買ってしまった経験をもってはいないだろうか。逆に，「それは似合わない」と言われて買いそこなった洋服があるのではないだろうか。ささやかで偶発的であるが，そこにあなたの購買の判断に働く大きな力がある。消費者間の非商業的なコミュニケーションのなかにあるものは，話題内容の共有やお互いの信頼であり，この非意図的な背景が，大きな説得力をもたらす。商業的なコミュニケーションとは異なり，そこにはときに商品に関するマイナスの情報までが含まれ，このことが，コミュニケーションが非意図的で信頼できるものとの評価を高めるのである（第1章参照）。

　このとき，消費者間では，3）で示されたブランド，製品，サービスなどに関する話題を共有するものとしてクチコミが発せられる。なお，1）はクチコミを口頭でのコミュニケーションとしているが，IT が普及した現在で

は，クチコミは必ずしも口頭だけではなく，電子メールやブログなどもその手段といえよう。

　このクチコミは，家族間や友人間などの強い結びつき（強い紐帯）において伝播し影響を与えるだけではなく，知人間などの比較的弱い結びつき（弱い紐帯）においても影響を与えるものである（Brown & Reingen, 1987）。消費者はあまり会わない人やよく知らない人からの情報も活用している。グラノベッターは，ホワイトカラーを対象にした調査で，転職の際，自分に対してどのような関係性をもつ人が有益な情報の提供者であったかを調査した。その結果，どちらかというと関係性の薄い人からの情報を有効に利用した，という結果を得ている（Granovetter, 1973）。それと同様のことが消費の場面でも生じるのである。とくにオープンなネットワークをもつオピニオンリーダーやマーケットメイブン（第3章参照）において弱い紐帯からの情報入手が顕著であることが予想できるだろう。

　なお，「うわさ」はクチコミに近いものだろうか。うわさは内容が正確かどうかを証明するデータがないままに語られる（川上，1997）。一方，クチコミで伝播する情報は製品やサービスの機能や特徴，あるいはそれに関する評価であり，この点で，伝播する情報の内容によりクチコミとうわさをある程度区別することは可能だろう。もっとも，内容は異なっていても人と人のあいだを伝播するというプロセスは同じである。情報を聞いた人がその情報を別の人に伝えるに値すると判断すれば，情報は広まっていく。聞いた情報が人に伝えるに足る内容でなければ，その情報は広まらない。問題はときに両者の区分が不明瞭なケースが出現し，根拠のある評価なのか風評なのか不分明な事態が生じることであるが，本書のテーマはそこにはないので注記するにとどめる。

## 4.1——クチコミ行動

　AIDMA から AISAS あるいは AIDEES への消費者の意思決定モデルの推移（第3章参照）は，消費者が製品やサービスを知ってはいるものの，最終的には購買に至らないというケースが増加し，認知と購買を結びつけるこ

とができなくなってきたことにほかならない。一方，消費者と製品やサービスの購買とをつなげるもののひとつがクチコミ行動であるという側面が浮かびあがっている。消費者は製品やサービスに関する情報を，広告や雑誌，テレビ CM やインターネットなどを通じて検索，入手し，その消費者がもつソーシャル・ネットワークを介して周囲の他者に発信し，共有することによってそれが伝播していく。ときには商品に熱中することもあれば，ときにはそれをクサすこともある。そのような情報が製品やサービスの購買を左右するのだとすれば，消費者は商品の送り手と利害関係のない人びとの意見を信頼しているといえる。

　クチコミは，クチコむ人とクチコまれる人がいて成立する。では，人はなぜクチコむのであろうか。その動機としては，たとえば情報発信者がある製品に強く関与していたり，特別な関心をもっていて他者にその製品のことを話すことが楽しみであったり，知識があることを示したいということがある（杉本，1997）。一方，クチコまれる人は，たとえば自分の欲しい情報に確信をもちたい，多種多様な情報のなかからより迅速に必要な情報を抽出したいと考えている。

　マーケティングにおいてクチコミの果たす役割が増していることを受けて，2004 年に米国で，クチコミマーケティング協会（Word of Mouth Marketing Association; WOMMA）が設立された。現在までに多くのマーケティング関連会社が加盟している。WOMMA の目的は次の 3 つである。

　1) 強い倫理的ガイドラインで，消費者と産業を保護する
　2) 効果的マーケティングのツールとしてクチコミを促進する
　3) クチコミの使用を奨励するために基準を設定する

　このような協会の設立により，今後，クチコミマーケティングの精緻化が促進され，その活動がより広がっていくものと予想される[1]。注意を喚起しておきたいのは，この目的にみるように，マーケティングという意図的なツールとして非意図性の強いクチコミを促進するという，一見背反的な矛盾をみせている点である。この背反を乗り越えるために，倫理的なガイドラインや基準の設定がある。ここでは企業の社会的責任を踏まえて，消費者が商品普及のステークホルダーであることが明確に意識されているのであり，その

かぎりでのクチコミの促進者であることを，この目的は謳っているのである。

## 4. 2───クチコミを測定するための調査手法

　複雑極まりないクチコミ行動を客観的にとらえるために，私たちはスノーボール・サンプリングによる調査を用いた。この調査では，消費者行動に関する調査対象者である主回答者だけではなく，その主回答者に購買に関してコミュニケーションを行う複数の他者（スノーボール他者と呼ぶ）を挙げてもらい，そのスノーボール他者に対してアンケート調査を実施する。池田らは，この調査の利点として，次の3点を挙げている。

　1) 主回答者が認知していないスノーボール他者の実際の知識や態度が測定できる
　2) 主回答者とスノーボール他者という二者間の相互作用をとらえることができる
　3) 二者間の分析だけでなく，二者関係を越えたネットワークを単位とした分析が可能になる

　この方法は，米国では電話調査法を活用して実施が試みられていた。しかし日本において，池田らが，当初，面接法と郵送法の組みあわせで実施し（池田，2000; 2002; Ikeda & Huckfeldt, 2001），ついでインターネットを活用した調査手法を構築した（池田・小林・繁桝，2004; 宮田・池田，2008）。調査をウェブ上で行うことで，主回答者にとってスノーボール他者への調査依頼が軽減され，この調査の肝であるさまざまな他者のデータが得やすくなっている。より詳しくは第5章で具体的に調査手法を紹介していくこととしたい。

　クチコミを評価する別の方法として，データマイニング技術を応用する方法がある。ネット上の書き込み内容を分析して，特定の対象に対する「評判」を抽出するものである。近年，ブログやSNSというCGM（Consumer Generated Media）の影響を無視してマーケティングを語ることはできない。電通では，データマイニングツール「電通バズリサーチ」を用いて，クチコミ分析を行っている。電通が提唱するAISAS視点でみると，クチコミに関連するステップはふたつのS（SearchとShare）であり，両者のあいだの循環がクチコミといえる。一方，電通はターゲットである消費者の心を動か

すためのシナリオづくりを重視した「クロスイッチ」という考えかたを提案している（電通クロスメディア開発プロジェクトチーム，2008）。そこでは，①ターゲットに合わせて，②広さと深さを考えた，③コミュニケーションのシナリオを，④複数のコンタクトポイントを効果的に掛けあわせてつくるという，クロスメディアの実践が今後のマーケティングに重要であるとされており，また，ベースとなる概念として AISAS が利用されている。

## 4.3──クチコミ行動のモデル化

クチコミ，すなわち人から人への情報伝播（マクロにとらえれば，情報拡散）のモデル化には，グラフ理論（Graph theory）をベースとしたものが多い。ここでいうグラフとは，頂点（Node; ノード）とそれを結ぶ辺（Edge; エッジ）からなる抽象化された構造を示す。そのグラフがもつ性質を研究するのがグラフ理論である。この理論をベースに発展したものが，ネットワーク研究である。とくに，人と人との繋がりに関係したネットワークはソーシャル・ネットワークとよばれ，ワッツらによるスモールワールドの発見（第 1 章参照）により近年とくに注目された研究分野といえる（Watts & Strogatz, 1998）。グラフ理論をベースとしたネットワーク構造は，数理的なシミュレーションとのマッチングがよく，ネットワークの論理的解析に広く活用されている。より詳しくは本書の第 III 部で説明するが，ここでは本書に関連する普及と伝播の研究を示しておく。

### 4.3.1 拡散のモデル化

蜷川ら（1999）は，集団に生じる「うわさの伝播」という社会現象を，情報の伝達機能に着目し明快にとらえている。この研究では，集団内で個人のあいだにうわさを話す関係がどの程度あれば情報が集団全体に広がるかということをモデル化した。従来，情報伝播を扱うモデルとしては，図 4-1 に示す 2 次元格子上に配置された頂点（この場合は人を意味する）のあいだで情報が伝達するモデルが用いられてきた。この図からわかるように，このようなモデルでは人が同時に情報を伝達できる送信先は最大 8 個までという制限

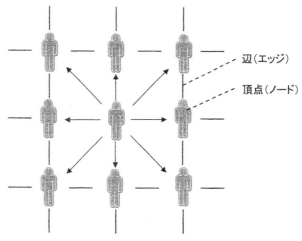

辺（エッジ）

頂点（ノード）

図4-1　2次元格子上に配置された頂点

を受けてしまう。

　蜷川らは，頂点のあいだに「ランダム」に張りめぐらされたネットワーク上を伝播する「うわさモデル」を考案し，うわさを話す関係の密度と情報の伝播の度合いとの関係を，計算機シミュレーションにより分析した。情報が伝播した頂点の数を伝播数とし，その数はある時間（計算ステップ）で一定（定常状態）とする。定常状態の時の伝播数を「最終伝播数」とよび，その最終伝播数が全頂点の90％以上となった場合を「蔓延状態」とよぶ。また，シミュレーション回数の90％以上が蔓延状態となった条件を拡散相，90％未満の条件を非拡散相とよぶ。シミュレーションの結果，非拡散相から拡散相へ転移する際の1頂点あたりの平均の知人エントリー数（知人として繋がっている総数）は，全ノード数に依存せず，約3であることが明らかになった。この結果は，集団を構成する人物が，平均して3人にうわさを伝えると，そのうわさがほぼ全員に伝わることを示している。この場合，どの人にうわさを流すかというような検討はいっさい不要であり，伝える相手の人数によって決まってしまうのである。


### 4.3.2　関連性のモデル化

　しかしながら，人は他人から聞いた話を確実に別の人に話すとはかぎらな

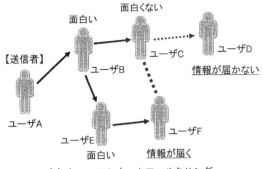

（a）ヒューマンネットフィルタリング

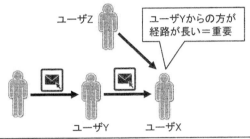

ユーザXにとってユーザYとZの信頼度がほぼ同じ場合

（b）伝播距離による情報の信頼性（ユーザ X にとって
ユーザ Y と Z の信頼度がほぼ同じ場合）

図4-2　情報伝播モデル（竹内ら，2001）

い。それは，話を聞いた相手やその情報内容，さらには，話をする相手にも
依存する。このようにクチコミでは，情報を選別し，情報を伝播するべきか
どうかの判断をするフィルターがかかる。竹内らは，多数のユーザ（人）を
何らかの関連性をもとにして接続することでネットワークを構成し，あらか
じめ定義した関連性に基づいてネットワーク上で情報を連続的に転送する情
報伝播モデルを提案している（竹内ら，2001）。このモデルでは，情報の転送
は隣接ユーザが興味をもった場合のみ行われる。その意味で，ヒューマンネ
ットフィルタリング（Human Network based Filtering）とよばれている
（図4-2（a））。このモデルでは，情報が伝播する経路や距離により，その情
報の信頼性を判断できるという点に特徴がある。図4-2（b）のように，多

数のユーザを経由した情報は，多数のユーザがその情報に対して興味をもったことを示しており，そのため通常より重要であると考えることができる。彼らは 22 人のユーザによる電子メールという伝播手段を利用した情報の伝播実験から，ユーザが興味のある情報は伝わりやすく，ユーザが興味のない情報は伝わりにくいことを確認している。また，長く伝達された情報ほど，より捨てられにくくなることも判明している。

### 4.3.3 複雑系によるモデル化

クチコミというものを社会という大きさでみてみると，社会を構成する「消費者個人」のクチコミ行動が，「社会全体」に影響を与えるだけでなく，このような「社会全体」の変動が，「消費者個人」にも影響を与えているものであることは容易に想像がつく。科学的には，このような性質を有する系は「複雑系（complex system）」とよばれている。

複雑系は，1980 年代のサンタフェ研究所（Santa Fé Institute）の活動により，その名前が知られるようになったが，広く認められた定義は現状では存在しないといってよいであろう。井庭・福原（1998）は，仮ではあるが，「システム全体の文脈によって，構成要素の機能やルールが変化するシステム。構成要素によってシステム全体ができているため，構成要素の機能が変化すると全体の文脈も変化し，それによってさらに構成要素の機能が変わるという不断の循環をもつ」と定義している。なお，この定義のなかにある「構成要素の機能が変化すると全体の文脈も変化し，それによって構成要素の機能が変わるという現象」は，「創発」とよばれる。

私たちの社会は複雑系で満ちている。生命現象，気象変動，株式市況，交通渋滞は，その一例である。従来の分析対象を構成要素に分解して，個々の要素を詳細に分析するという要素還元的な科学では，この複雑系を取り扱うことはできない。この複雑系を取り扱い，現象を理解するためのひとつの手法が「マルチエージェント・シミュレーション（Multi Agent based Simulation; MAS）」とよばれている。ツールとしては，サンタフェ研究所で開発された「Swarm」がとくに有名である。また，シカゴ大学の「Repast」，MIT の「StarLogo」がある。日本では，構造計画研究所の「KK-MAS」

および「Artisoc」がある。このようなツールを活用し，人工社会，人工経済，人工生命等などの研究が活発化している。

　ここで，マルチエージェント・シミュレーションを利用した人びとの行動を，実データをベースに評価した例を紹介する。中村（2004）はBSE（牛海綿状脳症）に関するマスメディアや人びとからの情報が牛丼チェーン店の来店者数に与える影響を分析した。そのシミュレーションに用いたモデルのルールは次のとおりである。エージェントである消費者は，クチコミおよびメディア視聴により情報を受信し，クチコミによって情報を発信する。また製品に対する情報をもとに購買を行う。一方マスメディアの行動は，情報発信および視聴情報の入手であり，情報発信は配信率によって指標化している。相互作用としては，消費者エージェント間の相互作用と，メディアと消費者間の相互作用を考慮している。その消費者エージェント間の相互作用として，以下のようなクチコミの特徴をモデルに組みこんでいる。

1) 消費者Aは，ある発信強度で自らのもつ情報aを発信する
2) その情報はある接続強度の確率でクチコミというネットワークを通過する。接続強度が大きければ情報aが通過する可能性が高い
3) クチコミ・ネットワークを通過した情報aは消費者Bに伝達されるが，これを選択するかどうかは消費者Bの意思決定による。この意思決定は情報aだけでなされるのではなく，誰から聞いたか，その人の見解はどうか，他に同じことをいっている人がいるか，などを考慮して実行される。

　シミュレーションモデルでは利用した数式の係数や定数というパラメータが存在し，それを決定するために現実のデータを収集する必要が生じるが，調査をしても得ることができないデータがあり，全てのパラメータを実証的に決定することは必ずしも可能ではない。中村のシミュレーションでは，それらの決定できないパラメータを2年間分の牛丼店の入店客数データから推定している。実際の入店客数データとシミュレーションから得られた予測の入店客数の差（誤差）ができるだけ小さくなるように，パラメータを任意に調整するような計算を行った結果，誤差の平均が7.6％となるパラメータセット（不定パラメータ）を得ている。彼は次に，その不定パラメータと商品価格，キャンペーンの投入日，キャンペーンの性質等の実験者が実験時に

任意に設定するパラメータとを用いて，検証のためのシミュレーションを実施している。次の半年間の入店客数の推定を行った結果，実際の入店客数とシミュレーション結果の誤差の平均が 8.2% という高い精度を得た。また計算結果は，急激な入店数の増加・減少を鋭敏にとらえており，消費者のダイナミズムを表現できていた。

　中村のアプローチは，多数の不定パラメータを設定した数理モデルを構築し，パラメータ群を変化させることで，実データとモデルの誤差を減らすという工学的な色彩が強い。パラメータの精緻化により，実データとのフィッティングや予測精度は向上すると思われるが，探索したパラメータ群からはモデルの背景にある消費者心理というものをとらえることは難しいだろう。

### 4.3.4　実証的アプローチ

　社会心理学的手法を用いて消費者のコミュニケーションを実証的にとらえるアプローチとして池田らの研究がある（池田ら，2004）。これは本書でより詳細に検討される手法であるが，そこではコミュニケーションという観点で消費者をカテゴリー別に分類し，さらにスノーボール・サンプリング調査を用いて消費者間のインタラクション効果を抽出している。一般的にシミュレーションでは，使用されるパラメータの選択が恣意的であることが指摘されるが，消費者コミュニケーションに関する社会調査の分析から得られた推定値は，シミュレーションの恣意性を下げるのに有効である。池田らの研究の新しさは，手法構築のなかで，対人的なコミュニケーションの基本的要因を見なおしたことにある。説得コミュニケーションがベースであった従来の消費行動モデルを見なおし，リアリティ形成のコミュニケーションの重要性を強調している。また，オピニオンリーダーという消費者類型に加え，コミュニケーション伝播に強力な役割を果たすマーケットメイブン類型を導入している。

　池田らの成果を活用した研究として，吉田らの普及シミュレーションがある（Yoshida et al., 2007）。この消費者モデルでは，池田らの消費者類型に加えて，消費者が情報と接触することにより，消費の意思決定の状態が遷移することを特徴としている。

消費者は，社会においてコミュニケーションを行っている。その消費者間の繋がりを「辺」とし，消費者自身をひとつの「頂点」ととらえることで，社会全体をネットワーク構造ととらえることができる。このモデルでは，消費者は自分の家族や知人などの周囲他者とコミュニケーション（クチコミ）を行うと同時に，広告やCMというマスメディアからの情報を受信する。消費者は，情報の送信者でもあり受信者でもある。このようなクチコミとマスメディアの相乗的な力のなかで，消費者は購買へと向かう。

　このモデルを前提として，消費者が製品やサービスの所有にまで至るモデルが構築される。このモデルでは，消費者の意思決定段階が「未認知フェーズ」「認知フェーズ」「関心フェーズ」「利用フェーズ」の4つのフェーズの状態を取るものとしている。また，そのフェーズが変化するための出来事をイベントとし，未認知フェーズから認知フェーズに至るまでを「知覚イベント」，認知フェーズから関心フェーズに至るまでを「欲求イベント」，関心フェーズから利用フェーズに至るまでを「行動イベント」としている。

　消費者の意思決定を表したモデルとしては，第3章でみたようにAIDMAやAISASなどが提案され，実際にマーケティングの場で活用されている。しかしながら，これらのモデルでは，消費者の「心理状態」と「行動」が混在しており，必ずしも数理モデル化するには適していなかった。具体的には，これらのモデルでの「注意」「欲求」などの段階は消費者の「状態」を表しており，消費者が一定期間このような状態にとどまることを意味している。一方，「興味」「行動」などの段階は，消費者が次のステップに移るための「行動」を表しており，消費者がある時点でこれらの行動を行うことを意味している。このように，従来のモデルにおいて「状態」と「行動」とが混在した点を修正し，「状態」と「行動」とを峻別したのがこのモデルである。このフェーズ・モデルと消費者類型に加えてソーシャル・ネットワークをモデル化することが，普及シミュレーションを可能にする。その具体的な適用については，第7章まで待たなくてはならない。

1)　日本でも2009年7月にWOMマーケティング協議会が発足（http://womj.jp)，同年11月には米国WOMMAと提携している。

# 第5章
## スノーボール調査による
## クチコミ行動の実証

　私たちの消費生活のなかでクチコミ行動が大きな比重を占めることは，第
1章で述べたとおりである。人間にとって他者とのコミュニケーションは社
会生活の根幹をなしている。実際，消費生活のなかでも私たちはさまざまな
製品やサービスについてのコミュニケーションを頻繁に行っていることが判
明していた。ふだんの会話のなかで，消費はたんに語られるだけでなく，購
買行動を促進したり，ときには他者の消費に対して批判的な言辞まで弄して
行動を打ち切らせたりするまでの力を有するのであった。そして，そこで構
成されるソーシャル・ネットワークが次章でみるような「スモールワール
ド」構造をもつことから，伝えられる情報の伝搬力もまた強力となる。消費
の普及はソーシャル・ネットワークに支えられる側面があるというのは，こ
のことを指す。
　こうした消費のコミュニケーションはクチコミ行動と名づけられ，そこで
生じているのはたんに商品の購買を説得するような行動だけではなく，商品
の意味が能動的に共有される過程であり，そのなかでこそ商品が普及してい
くことが議論された。そして，普及研究の歴史をたどり，また消費の意思決
定モデルを検討したうえで，クチコミ行動と商品の情報伝播および普及のモ
デルがどんなかたちで構築されてきたかをたどってきた。さらにクチコミ行
動を的確に検討するために，スノーボール・サンプリング調査による消費行
動と消費のコミュニケーションの実証データがひとつの核になることが示唆
され，第4章まで進んできた。

　クチコミ行動の重要性はしばしば言及されてきたが，身近でも観察される
クチコミ行動の体験的事例の集積はともかく，それを超えた実証的な調査・

検討となると，それが十分に行われてきたとはいいがたい。この現状に対し，本書はクチコミ行動と消費行動とを合わせた消費者行動モデルを実証データに基づいて計量的に検討する。そしてこの個人の行動モデルを前提としたうえで，さらに消費者のソーシャル・ネットワークのモデルに基づいたシミュレーションを進めていく。これらの出発点が本章である。

　本章ではまず5.1節で，各々の消費者がどのようなクチコミ行動をとるのか，そのクチコミ行動が消費行動にどのような影響を与えるのかを詳細に調べるスノーボール・サンプリングによる調査の具体的な実施手法を述べる。以下はその調査結果の検討に充てられる。

　第3章の議論を受けて5.2節では，オピニオンリーダーとマーケットメイブンの測定方法を検討したうえで，両者の尺度を構成し，消費者類型を析出する。

　5.3節ではまず，消費者の意思決定においてフェーズ遷移（第4章参照）の影響要因を情報の入手という点に絞って検討しながら，それが消費者類型と関連していることをみていく。これらをベースにして，さらにクチコミ行動の実証に進む（5.3.2項）。クチコミ行動はプラス情報の発信もマイナス情報の発信も含まれることがひとつの特徴であるが，それらがどれほど発信されているのか，またその発信を規定する要因は何か，つまりオピニオンリーダーやマーケットメイブンとどのような関連性をもつのか，消費者自身のネットワークのサイズとの関連はどうなのかを検討していく。一方，クチコミを受信してからの購買関連行動も分析にかけなくてはならない（5.3.3項）。ここでは，消費者類型要因とソーシャル・ネットワーク内の局所的な商品普及率，そしてスノーボール他者の消費の進展度を説明要因とした分析を行ったうえで，主回答者とスノーボール他者との消費者類型の組みあわせによる効果分析に進む。ソーシャル・ネットワークのもたらす影響力はこうした組みあわせが生みだす影響の流れのなかに潜むからである。これらの分析はまさに消費者行動がソーシャル・ネットワークの内側で進むことを実証するものとなる。

　最後の5.4節は，本章の消費者行動の分析を次章（第6章）以後のソーシャル・ネットワーク・モデルに接ぎ穂していくためのキー要因を実証的に

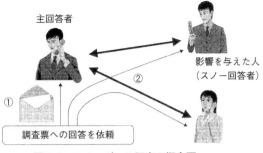

①主回答者に対する調査票中で影響を受けた他者の紹介を依頼
②主回答者経由でスノーボール他者に調査回答を依頼

主回答者

影響を与えた人
（スノー回答者）

②

①

調査票への回答を依頼

図5-1　スノーボール調査の概念図

検討する。つまり，「ネットワーク特徴量」をネットワークの次数の推定（知人数の推定），その次数の分布，消費者のオピニオンリーダーやマーケットメイブンといった特性との関連で吟味し，次章につなげる。

## 5.1──スノーボール調査とは

　私たちが用いたスノーボール調査とよばれる手法は，「主回答者（＝メインサンプル）」とよばれる主たる調査対象者のほかに，「スノーボール回答者（＝スノーボール・サンプル）」とよばれる主回答者の「知人」にも調査を依頼するような，調査の手法である。通常の調査手法では，調査対象の母集団に対して無作為標本抽出（ランダムサンプリング）のような標本選択を行い，そこで抽出されたサンプル（対象者）に対して調査を実施する。選択された対象者一人ひとりが独立した回答者として，調査結果は集計される。

　これに対して，スノーボール調査では，図5-1に具体的な手続きを示すように，通常の調査と同手法で獲得した「主回答者」に対してその知人をさらに「スノーボール回答者」として紹介してもらう。そして，主回答者への調査とは別にスノーボール回答者への調査も同時に行って，主回答者とスノーボール回答者をペア（このペアをダイアドとよぶ）として分析する。この手法の特徴である「スノーボール」の語は，ソーシャル・ネットワークをたど

って他者を雪だるま（スノーボール）式に指定するという連想に基づいている。実際には他者は芋づる式に次つぎとたどられるのではなく，ほとんどのスノーボール手法では1段階，つまり主回答者からみた知人のみがたどられるだけであることを考えると過大表現にも思われるが，定着した名称となっている。

　主回答者とスノーボール回答者をダイアドとしてとらえることで，主回答者単独の調査に比べ，主回答者の周囲にいる「他者の視点」を分析に取りこむことができる。これがスノーボール調査の利点である。

　スノーボール調査は，アメリカの政治学者ハックフェルトが電話調査に，また，日本では池田を中心とした研究グループが郵送調査で重点的に用いて，発展してきた。当初の発想としては，第4章でその起源に言及したように，オピニオンリーダーの分析を含む消費者行動研究に始まり（Katz & Lazarsfeld, 1955），その後，政治行動の影響過程の研究というかたちになっていった（Huckfeldt et al., 2000; 池田，2000，3章）。こうして人びとの消費行動や政治行動がいかにソーシャル・ネットワークのなかに埋めこまれたかたちで生じているかを明らかにしてきた。後者の研究の流れからは，ネットワークに囲まれた人びとが同調行動をする，というような単純な様相ではなく，有権者がネットワーク内の他者から情報を得て政治のリアリティを形成し，そのなかで能動的に行動する姿が描きだされている。同様の姿は，領域こそちがえ消費者行動でも描き出せそうなことは，すでに断片的にみてきたクチコミ行動の例からも容易に推測できよう。

　このような発展の経緯を踏まえたうえで，私たちは消費者行動の調査にスノーボール・サンプリング手法を用いる。これは当初の研究領域に戻ったものであるが，オピニオンリーダーの研究を超えてクチコミ行動の影響過程の全体をとらえ，そのなかで消費の意思決定がどう進むかを検討していく手法へと拡張したのである（日本の研究例としては，宮田・池田（2008）を参照）。そこで，まずスノーボール調査の手順と利点をみていこう。

### 5.1.1　スノーボール調査の手順

　本書の研究で実施しているインターネットを用いたスノーボール調査は，

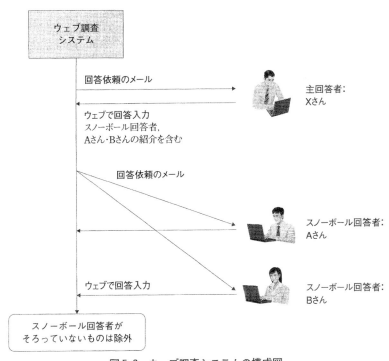

図5-2　ウェブ調査システムの構成図

手続き的にはスクリーニング調査，主回答者への依頼と調査の実施，スノーボール回答者への依頼と調査の実施，という3段階の手順を踏む。

　まず，「スクリーニング調査」によって，調査内容が必要とする条件に合致する主回答者を選出する。スクリーニング調査とはメインの調査の前段として，その調査対象者として適合する人びとを抽出（スクリーニング）するための調査である。ここでの対象はインターネット上で調査可能なサンプルのプールからランダムサンプリングによって抽出された人びとである。スノーボール調査では，主回答者に対して自身の回答だけでなく，知人であるスノーボール回答者の紹介をその回答依頼の送付まで含めたうえで依頼することになる。調査全体が可能な対象者を事前に確認するのである[1]。

　次に，スクリーニング調査の結果に基づいて，スノーボール回答者が紹介可能な主回答者に対して，メインの調査の依頼を行う（図5-2参照）。図5-

**図5-3 ウェブ調査システムの画面例**

3に画面例を示すように，私たちの実施した調査[2]はインターネット上で行われる調査であるため，調査実施の告知は電子メールで行い，そこで示されたウェブページにアクセスすることで，回答をウェブ上で行うことができるしくみになっている。主回答者にスノーボール他者を紹介してもらう際には，ネームジェネレーターとよばれる手法を用いる。

　ネームジェネレーターとは，たとえば「電子マネーについてよく話をする方を3人挙げてください」と問い，その各々について回答者との関係や紹介されたスノーボール他者（スノーボール回答者[3]）の特性をあわせて聴取する手法である。相手のニックネームなどを挙げてもらったうえでその他者に

表 5-1　ネームジェネレーターの設問票

| |
|---|
| 問A：製品・サービスAについて，あなたに情報を提供したり，あなたが利用を検討<br>　　している際に賛成意見や反対意見をおっしゃったりした方を，あなたが受けた影響<br>　　が大きかった順に2人まで挙げてください。<br>問B：1人目の方の年齢・性別をお答えください。<br>問C：あなたと1人目の方との間柄をお答えください。 |

ついて回答してもらうことが多いので，「ネームジェネレーター」，つまり
「名前発生質問」とよぶのである。典型的な設問を表5-1に示す（オリジナ
ルの手法はBurt（1984），インターネット上の手法については池田・小林・
繁桝（2004）を参照）。

　このようにして，主回答者からスノーボール他者の情報を，またスノーボ
ール他者への設問から主回答者の情報を得ることができるのが，ネームジェ
ネレーターを用いたスノーボール調査の利点となる。スノーボール他者につ
いての設問は問C以下にいくつか続き，基本的にはスノーボール他者の属
性，主回答者との関係性，当の製品・サービスAについて両者のあいだで
交わされたコミュニケーションの内容など多岐にわたって両者のネットワー
ク関係が明らかになる工夫がなされる。

　主回答者の回答が得られると，図5-2の下半分にみえるように，スノーボ
ール他者へ依頼状がメールで送られ，そのメールに記載されたURLのウェ
ブページにアクセスすると主回答者の場合と同様にウェブ上で回答する画面
が表示される。

　こうして調査そのものが終了すると，主回答者のデータとそのスノーボー
ル他者のデータをペアとしてマッチングし，それが揃ったものを有効回答と
みなす。スノーボール他者は1人の主回答者に対して1人とは限らず，2人
以上のデータでありうる。このような場合，分析の進め方にはふた通りがあ
る。主回答者をベースとして複数のスノーボール他者を何らかのかたちで同
時に分析する手法か，主回答者－スノーボール他者1や主回答者－スノーボ
ール他者2というようなペアでマッチングしたデータ（ダイアドデータとい
う）を分析する手法である。以下では後者の手法を主に検討する[4]。

### 5.1.2　スノーボール調査の利点と欠点

　主回答者とスノーボール他者をペアとして同時に分析することで，通常の調査では難しい分析が可能となる。たとえば，主回答者とスノーボール他者のあいだでの会話内容についてその認識の差異を調べる，あるいは主回答者の考えかたや行動について，主回答者自身がどう認識しているかという自己の認識とスノーボール他者からみて主回答者がどう考えたり行動したりしているようにみえるかという他者の認識を比べる，といった分析である。さらに，主回答者とスノーボール他者の相互の認識をより精緻化できる（池田，2000，3章）。具体的には，商品Aについて主回答者がスノーボール他者に買うように勧めていると認識していても，スノーボール他者の方ではそう受け取っていないといったことが生じれば，この説得は成功しにくいと予想できる。

　また，主回答者とスノーボール他者の年齢・性別などのデモグラフィックな属性をはじめとする両者のさまざまな差異による二者間のコミュニケーションへの影響を分析することも可能となる。たとえば，主回答者が目上でクルマに詳しいとき，スノーボール他者はクルマの購買の意思決定において，相手が対等のときより影響を受けやすいだろうか，という問いにも答えることができるだろう。消費のコミュニケーションと意思決定にとって意味のある，このような両者の関係のパターンは，スノーボール調査によってはじめて検討可能となるのである。

　一方，スノーボール調査には短所もある。それをひとつ挙げるなら，主回答者の負荷が大きい点であろう。主回答者は，自身が調査に回答するだけでなく，回答を期待できるスノーボール他者の紹介をし，ときには直接回答を依頼することまで求められる。主回答者自身の回答票も複数のスノーボール他者に関する設問に答えることで長くなりがちである。こうして回答者の負荷が高まると，結果としてペアで回答が揃う確率が低くなると考えられる。確率が低くなれば，消費者一般を反映しない特殊なサンプルで分析を行う危険性が高くなってしまう。

### 5.1.3　スノーボール調査とウェブ上の調査

　近年一般的になったウェブ上での調査手法は，スノーボール調査の欠点を大きく軽減した（池田ら，2004）。

　まず，スノーボール・サンプルの取得が容易になる。スノーボール回答者の紹介作業は，実質，電子メールアドレスというインターネット上での連絡先の入力にまで簡略化される。そして，手間・負荷の軽減によってスノーボール回答者の選択の幅が広がり，結果として「弱い紐帯」が捕捉しやすくなる利点が生みだされる。クチコミ情報など道具的に有用な情報の伝播では，「弱い紐帯」の影響が大きいことが広く知られている（第1章参照）。しかし，「弱い紐帯」であればなおさら負荷の高い調査の依頼を行うのは難しい。「強い紐帯」ではなく「弱い紐帯」をとらえるためには負荷の軽減が欠かせない。これが可能になった。

　一方で，インターネット上のウェブ調査では，サンプルがインターネット利用者に限定されるため，すべての調査に応用可能となるわけではない。たとえば，年齢層や居住地域の違いにより，インターネットの利用率が少ない場合には，ウェブ調査の実施自体が難しい。

　しかし，ウェブ調査は，マーケティングや消費者行動の調査，とりわけ従来のマスメディアに対するインターネット上のクチコミの効果といった実務上も重要な課題に対して相性がよく，先に述べた利点を組みあわせることで，これまでにない新たな調査と分析が行えることが強く期待されている。調査回答者の限定や偏りに関しても，当初のサンプリング手法を調整する，統計的なデータの重みづけを用いるなどの対処が工夫されてきており，利点が欠点を上回る場合も多い。

## 5.2——オピニオンリーダー度とマーケットメイブン度を測る

　第3章で，オピニオンリーダーが商品ジャンルの特定の領域について強い影響力をもつのに対して，マーケットメイブンは複数の領域において活発な情報発信をするという特徴をもつ，と考えてきた。さらに，私たちはこれら二者のそれぞれについて個々の消費者ごとにオピニオンリーダー「度」とマ

表 5-2　消費者特性抽出のための質問票

| |
|---|
| 1.　ある特定分野の製品・サービスについてよく知っているほうだ。 |
| 2.　いろいろな製品・サービスについてよく知っているほうだ。 |
| 3.　ある特定分野の製品・サービスについて人からよく聞かれるほうだ。 |
| 4.　いろいろな製品・サービスについて人からよく聞かれるほうだ。 |
| 5.　新製品・サービスや新しいお店などは人より早く使ってみるほうだ。 |
| 6.　友人から何か相談されたり聞かれたりする。 |
| 7.　周囲に新しいものの考え方や流行を持ち込む。 |

ーケットメイブン「度」が測定できると考えた。この節ではこれらの測定を
進める。

　このような考えに基づく消費者の類型化は，本書での私たちの研究でも大
きな位置を占めるので，まずその析出方法を詳しく説明しよう。

　「オピニオンリーダー」は，もともとカッツ（Katz, E.）とラザスフェル
ド（Lazarsfeld, P. F.）によって以前から提唱されてきた概念である（Katz
& Lazarsfeld, 1955）。彼らはオピニオンリーダーの領域固有性を主張し，た
とえば商品ジャンルによってオピニオンリーダーが異なる点を強調したが，
その後の研究の発展のなかでは，領域固有的特徴を保持しながらも，オピニ
オンリーダーの一般的特性を測定する尺度が発展した。表 5-2 は，オピニオ
ンリーダーを抽出するために提案されている代表的な質問項目群である。領
域固有性と一般性を測定できる項目が混在していることが，「ある特定分野」
と「いろいろな」という表現によってみてとれるだろう。

　一方，「マーケットメイブン」の概念を提案したフェイク（Feick, L. F.）
らは，表 5-3 に示すような質問群を用いて，従来のオピニオンリーダーとい
う概念を発展させ，オピニオンリーダーとは異なる「マーケットメイブン」
という類型の消費者が新たに析出できることを示した（Feick & Price, 1987）。
商品についての幅広い関心や知識とその伝達に焦点を合わせた質問への回答
を求めるのがそのポイントである。

　これに対して池田（2008）は，フェイクらとは異なるアプローチで類型化
を試みた。それは，表 5-2 でみた質問項目に複数の特性が混在していること
に着目し，因子分析手法によってオピニオンリーダーとマーケットメイブン
の各尺度を構成するアプローチである。この研究の 3 回の調査でも同様の因

**表5-3　フェイクらの尺度の日本語訳** (Feick & Price, 1987)

1. 自分の友人に新しいブランドや製品を紹介するのが好きだ。
2. 多くの種類の製品の情報を教えて人助けするのが好きだ。
3. 商品やお勧めのショップ，セールの情報についてよく聞かれる。
4. いくつかのタイプの製品についてどこで買うのがベストかを聞かれれば，教えてあげることができるだろう。
5. 新製品やセールについての情報を私がよく知っていると，友人たちは思っている。
6. 多様な製品についての情報をもち，その情報をほかの人に話して共有したいと思っている人のことを考えてください。この人は，新製品やセール，お店などの情報についてはよく知っていますが，必ずしも特定の製品についてのエキスパートだとは思っていません。それはあなたによく当てはまりますか？

子分析を行ったものの，一貫して明快な因子の抽出が困難であったため，私たちはさらに別のアプローチによる尺度構成を試みた。ここではオピニオンリーダー度とマーケットメイブン度のふたつの尺度はそれぞれ別個に作成される。

　まず，表5-2の質問項目において，設問1と3は特定の領域に詳しい領域固有性を示唆することからオピニオンリーダー的性質であり，設問2と4は多領域に詳しいことを示唆することからマーケットメイブン的性質，設問5と7は早期にイノベーションを採用することを示唆することからアーリーアダプター的な性質を有していることに着目しよう。設問6は三者に共通しているようにもみえるが，表5-2の設問項目を別の観点でとらえると，情報の収集力の強さを示唆する設問1，2，5，7と，情報の発信力を示唆する設問3，4，6という観点も含まれていることがみてとれる。つまり多重的な特性が重なりあいながら尋ねられているのである。

　これを踏まえて，改めてオピニオンリーダーの定義に戻るならば，その特性は特定の領域に詳しいことに加えて，説得的な影響力の強さであった。したがって，領域の広さ・狭さに関係しない情報の発信力の測度として設問6を含め，最終的にオピニオンリーダーの特性として設問1，3，6の尺度得点の和を，ここでのオピニオンリーダー度として定義した。

　次に「マーケットメイブン」である。「マーケットメイブン」度は，表5-4に示す20の設問項目から抽出する。いずれも「よく話題にする」から「ほとんど話題にしない」までの4点尺度である。表5-2の方式とは別に，

表 5-4　マーケットメイブン尺度

| 設問 | あなたは普段，以下の商品やサービスについてほかの人とどれくらいの頻度で話題にしますか | |
|---|---|---|
| | 1.　レジャー・旅行 | 11.　CD・映画（レンタル含む） |
| | 2.　自動車 | 12.　食品・健康食品 |
| | 3.　携帯電話機本体 | 13.　飲料（アルコール飲料含む） |
| | 4.　携帯電話を媒体とする各種サービス | 14.　衣類・ファッション |
| | 5.　パソコンおよび関連商品 | 15.　化粧品 |
| | 6.　AV・デジタル機器 | 16.　美容室・エステ |
| | 7.　インターネット上の各種サービス | 17.　医療 |
| | 8.　電子マネー・ポイントサービス | 18.　保育・教育 |
| | 9.　飲食店・レストラン | 19.　保険・投資 |
| | 10.　書籍・雑誌 | 20.　住宅 |

商品についてのコミュニケーションでのテーマの多様性という観点からの尺度の作成を試みた結果であり，マーケットメイブンの行動面での特性をとらえる指標を作成する意図がある。この設問の全尺度得点の和がここでのマーケットメイブン度である。

　第 3 回スノーボール調査での，オピニオンリーダー得点，マーケットメイブン得点の分布を，図 5-4 に示す[5]。マーケットメイブン得点は正規分布に近いかたちになっているが，オピニオンリーダー得点は 3 項目の尺度得点の和のためややいびつなかたちとなっている。

　さて，このようにして「オピニオンリーダー」度と「マーケットメイブン」度を調査票から確定する方法を定義したが，定義からわかるように「オピニオンリーダー」の度合いと「マーケットメイブン」の度合いは，いずれも理想的には連続的に変化する値とみなすことができる。一方，ある消費者について語るとき，「オピニオンリーダー」ないしは「マーケットメイブン」という類型として簡潔に表現したい。ロジャースが採用者分類を行ったのと同じ意図である。

　そもそも「オピニオンリーダー」の度合いと「マーケットメイブン」の度合いの値は絶対値として計測可能な値ではないため，その値の大きさそのものに意味があるわけではなく，相対的な値にすぎない。そこで，オピニオンリーダー特性・マーケットメイブン特性で上位 20% の高いものを，それぞれ「オピニオンリーダー」（OL），「マーケットメイブン」（MM）と分類す

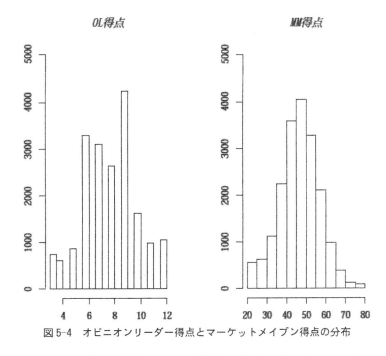

図 5-4　オピニオンリーダー得点とマーケットメイブン得点の分布

る。20% という値は，分類のために便宜的に決めた値である。ロジャース的な視点からみても，両カテゴリーに回答者の多数が属することは想定できないため，20% というラインが適切であると判断した。

　図 5-5 に，「オピニオンリーダー度」を横軸に，「マーケットメイブン度」を縦軸にとった分布を示す[6]。オピニオンリーダー特性とマーケットメイブン特性のあいだには 0.4 程度の弱い相関があるが，それぞれを比較的独立した消費者特性とみなすことは可能である。そして両者の特性を併せもつ消費者も存在することは図からも読み取れる。図 5-5 の右上の一角を占める人びとは，第 3 章で言及したように，「リーディングコンシューマー」（LC）とよぶ。領域特定的な知識も幅広い知識と，強い発信力を併せもつ消費者である。逆に左下の一角は「フォロアー」（FL）であり，いずれの特性ももたない消費者である。リーディングコンシューマー，オピニオンリーダー，マーケットメイブン，フォロアーの構成比は，4%・16%・16%・64% となる。

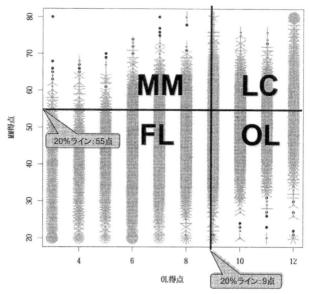

図5-5　オピニオンリーダーとマーケットメイブンの分布と境界

## 5.3───スノーボール調査からみえる消費者行動

前節までは，オピニオンリーダーやマーケットメイブンという消費者類型とその析出方法について説明した。この節ではこれを受けて，消費者類型の視点から，スノーボール調査によって浮かびあがる消費者行動を検討しよう。

### 5.3.1　消費者はどのように情報を得るのか

消費者がクチコむとき，商品やサービスの情報をどこから得ているのだろうか。そしてそれは消費者ごとにどのように違うのだろうか。クチコミが消費者行動にとって大きな意味をもつことをすでにみてきた以上，この問いの重要性は一見して明らかだろう。さらに，オピニオンリーダーやマーケットメイブンはソーシャル・ネットワーク上でコミュニケーションの要となる消費者であるはずであり，彼らの行動をクチコミという点から解明することは

主回答者／mixi

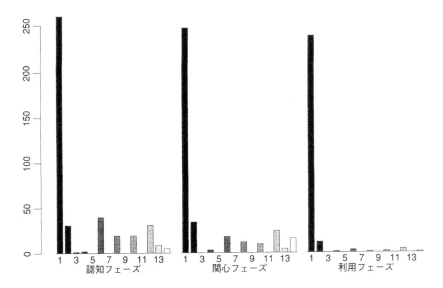

凡例（図 5-7, 5-8 も同様）

1　家族や友人から聞くクチコミ情報や利用の勧め
2　他の人が使っている光景
3　紙のカタログやパンフレット
4　メーカーやサービス提供者の公式ウェブサイト
5　店頭で販売員から聞いたり試用してみて
6　テレビのニュースや情報番組
7　テレビ CM
8　新聞記事（インターネット上のものも含む）
9　新聞広告や折り込みチラシ（インターネット上のものは含まない）
10　雑誌記事（インターネット上のものも含む）
11　雑誌広告（インターネット上のものは含まない）
12　オンラインコミュニティ（電子掲示板，評価サイト，SNS など）
13　インターネット広告（ウェブサイトの広告や電子メール広告など）
14　その他

図 5-6　mixi のフェーズ遷移理由

社会全体の普及過程を明らかにしていくのに大いに貢献するだろう。

　本節ではまず，消費者の情報の入手経路についてみてみよう。特徴が明確なmixiとEdyの結果を示すことにする。

　図5-6は，第3回調査においてmixi利用のフェーズ遷移理由を集計したものである。mixiにおいて特徴的なのは，認知・関心・利用の各フェーズへの遷移理由で圧倒的にクチコミ（回答1）が多いことである。とくに利用フェーズ（実際にmixiを使い始めること）への遷移理由はクチコミがほとんどである。

　これは，mixiというSNSが「友達」の紹介を介してユーザー登録を行う「登録制」であり[7]クチコミの伝播経路とかなりの程度一致していると思われること，マスメディアでの広告が少ないこと，ウェブ上の無料サービス[8]であり，利用に際しての障壁が低いこと，などが大きな要因となっていると推測できるだろう。なお，わずかではあるが，認知と関心のフェーズでは「他の人が使っている光景」（図中左から2番目の回答）も要因となっている。またmixiが話題化したところから，クチコミ以外のマスメディアの報道（回答6）やオンラインコミュニティでの話題（回答12）も，とくに認知フェーズでは作用している要因としてみてよいだろう。

　一方図5-7は，第3回調査の，Edy（電子マネー）のフェーズ遷移理由を集計したものである。mixiとはかなり様相が異なる。Edy（電子マネー）でもクチコミは強いものの，その強さは相対的に落ちる。認知フェーズでは「テレビのニュースや情報番組」（回答6）「メーカーやサービス提供者の公式ウェブサイト」（回答4）が，関心フェーズにおいては「テレビのニュースや情報番組」（回答6）が大きくなる。さらに利用フェーズにおいては公式ウェブサイトの情報がクチコミ（「家族や友人から聞くクチコミ情報や利用の勧め」（回答1））を上回る結果となる。

　Edyについて知ったり，あるいはその利便性に関心をもったりするのは，クチコミ経由が多いものの，テレビのニュースで取りあげられる場合も相当数に上る。メーカーの側でのニュースリリースや報道する側での新しいイノベーションへの関心といった要因も入るだろう。しかし電子マネーというサービスの性質上，無料サービスのmixiに比べれば，最終的に導入を決断す

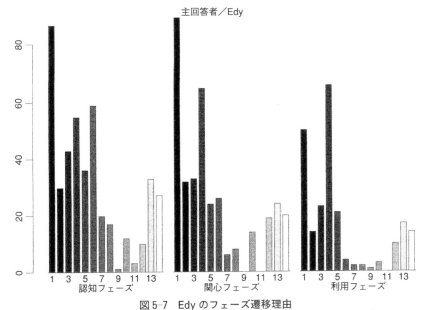

主回答者／Edy

認知フェーズ　　　　関心フェーズ　　　　利用フェーズ

図 5-7　Edy のフェーズ遷移理由

る時点ではやや慎重になり，「公式ウェブサイト」での情報をよく確認する
ことで最終判断が下されているのである[9]。

　フェーズ遷移ごとの情報源の違いは消費者のタイプによって異なるのだろ
うか。mixi の場合は，消費者タイプによるフェーズ遷移理由の違いは，ク
チコミ優位で大きく変らなかった（図は表示していない）。他のメディアの
伝播力が小さすぎるからである。これに対して図 5-8 にみるように，Edy
の場合は消費者特性の違いにより大きな差が現れる。

　まず，オピニオンリーダー（右下）とマーケットメイブン（左上）を比べ
てみよう。マーケットメイブンでは各フェーズ遷移においてすべてクチコミ
が大きな割合を占めているのに対して，オピニオンリーダーはむしろ「メー
カーやサービス提供者の公式ウェブサイト」（回答 4）を重視する傾向が顕
著にみえる。これは両者の特徴をそのまま反映している。つまり，マーケッ
トメイブンが情報伝達のハブとしてクチコミを重要視するのに対して，オピ
ニオンリーダーのもつ「専門家」的な特質が公式情報を重要視するというか
たちで現れている。ロジャースが古くから普及研究で明らかにしているよう

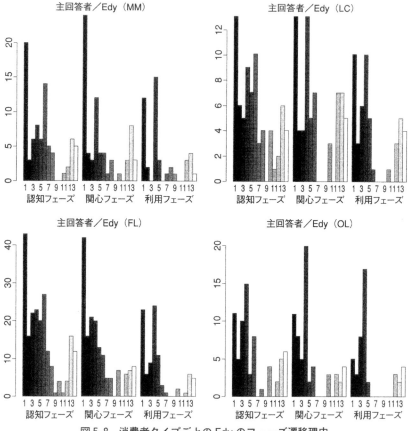

**図 5-8　消費者タイプごとの Edy のフェーズ遷移理由**

に，オピニオンリーダーは専門的な情報源に接触する頻度が高かった（Rogers, 1962）。インターネット時代には，公式サイトから得られる詳細な製品仕様等の情報がその等価物といえるだろう。

　次に，リーディングコンシューマー（右上）をみると，そのフェーズ遷移の理由は，オピニオンリーダーとマーケットメイブンを合わせたような，つまりクチコミだけでなく「メーカーやサービス提供者の公式ウェブサイト」（回答 4）などによる自身の判断の双方を併せもつようなデータになっている。まさに定義に合致して両者の情報入手特性を有しているのである。

　このように，おおむねクチコミの影響力は大きいといえるものの，その度

表 5–5　ワンセグ・SNS のひと月あたりの情報発信人数

| | ワンセグ | | SNS | |
|---|---|---|---|---|
| | プラス情報 | マイナス情報 | プラス情報 | マイナス情報 |
| 関心フェーズ | 1.05 | 0.79 | 0.72 | 0.48 |
| 利用フェーズ | 2.52 | 1.06 | 2.53 | 0.89 |

合いは製品・サービスの種類や，消費者の類型，消費のフェーズによって変動することが確認できる。

### 5.3.2　消費者は誰にどれだけクチコむのか

　クチコミのもっている影響を考えるうえで重要なポイントをひとつだけ選ぶとすれば，消費者が自身の得た情報を何人の他者にクチコむのか，という点だろう。良い評判であれ悪い評判であれ，多くの消費者が知り合いにどんどん話をしたくなるような評判は世のなかにあっというまに広がっていく。それはネットワークのスモールワールド的特性を考えれば容易に納得できるであろう。逆に，多くの消費者があまり話さないような評判であれば，いずれそのような評判は立ち消えてしまう。実際，第 4 章で紹介した蜷川ら（1999）の「うわさの伝播」のシミュレーションは，伝える相手の人数がポイントであることを示していた。そこでこの節では，クチコミをする人数に関する分析結果についてみてみよう。

　まず，この節で紹介する第 2 回調査で取りあげたワンセグ・SNS についてどれだけの人にクチコミを行うのかをみてみよう。表 5–5 はひと月あたりの情報発信人数をまとめたものである。メーカーの広告や CM と異なるクチコミのひとつの特徴はマイナスの情報を伝えることにあったから，ここではプラス情報とともにマイナスの情報についても尋ねている。情報発信がなされるのは関心フェーズと利用フェーズなので，このふたつのフェーズについてまとめた。

　表からみてとれるように，ワンセグ・SNS とも，購入・利用の前（関心フェーズ）よりも後（利用フェーズ）のほうがクチコむ人数が増えている。また，このふたつの製品・サービスではプラス情報のほうがマイナス情報よりもクチコミが多いことがわかる。

表 5-6　ワンセグの情報発信人数の分析結果

| | ワンセグ | | | |
| | 関心フェーズ | | 利用フェーズ | |
| | プラス情報 | マイナス情報 | プラス情報 | マイナス情報 |
|---|---|---|---|---|
| 利用フェーズ後経過月数（≧0） | | | −0.50*** | −0.55*** |
| 主回答者年齢 | 0.01 | −0.01 | 0.02 | 0.00 |
| 主性別（男＝0，女＝1） | −0.32* | −0.67*** | 0.29 | −0.21 |
| 関与 | 0.18*** | 0.06 | 0.28*** | 0.12 |
| マーケットメイブン得点 | 0.05*** | 0.07*** | −0.02 | 0.05** |
| オピニオンリーダー得点 | 0.10** | 0.13* | 0.22*** | 0.03 |
| ネットワーク次数（100倍の値を表示） | 0.14** | 0.22*** | 0.02 | 0.16 |
| 局所普及率 | 0.85 | −0.11 | 0.93* | 0.29 |
| 定数項 | −5.30*** | −4.95*** | −4.23*** | −3.23** |
| $N$ | 1026 | 1026 | 196 | 196 |
| Prob＞chi2 | 0.00 | 0.00 | 0.00 | 0.00 |

*$p<0.05$; **$p<0.01$; ***$p<0.001$

　では，このクチコむ人数に影響を与える要因は何であろうか。この点をもう少し詳しくみてみよう。

　表5-6は第2回調査におけるワンセグ・SNSの情報発信人数の分析結果である。具体的には，ワンセグ・SNSそれぞれについて，ひと月あたり情報発信人数を目的変数として，ネガティブ・バイノミアルモデルで回帰分析を行った結果である。

　統計的な用語の解説がここで必要だろう。ここでいう目的変数とは分析によって説明されるべき対象であり，表5-6では情報発信人数である。一方，目的変数を説明する側の要因を説明変数とよぶが，これは複数個でありうる。たとえば女性がより情報発信しやすく，またオピニオンリーダーも情報発信しやすい，というように複数の要因が目的変数を説明することがある。その説明を試みる回帰分析ではひとつないし複数の説明変数が同時に検討され，それぞれが目的変数の値をどの程度統計的に左右しているかが検討の対象となる。表5-6に表示されている分析結果の数値はそれぞれの説明変数がもつ値に基づいた影響力であるが（偏回帰係数である），この表で注目したいのは数字の右側についた＊＊などの星印の数である（数値の大きさそのものは，

元の説明変数が「1. 男性」「2. 女性」のような小さな範囲を動くものなのか，満年齢のように大きな範囲の値で動くかによって大きく異なる）。この星印がつくと統計的な意味で影響力が有意味であることを示している，というのが解釈のルールである（統計的に有意であるという）。また星の数が多いほどその影響力は統計的にもより確からしいとみることができる（正確にいうと因果分析ではないので影響力ではなくて統計的な説明力である）。複数の説明変数要因をもつ回帰分析の特徴は，互いの要因がもつ効果を統制（コントロール）した影響力を示しうる点である。この例では，性別の影響力を勘案したうえでもなお，オピニオンリーダーが情報発信しやすいということである。いいかたを換えると，性別の効果を一定とした上でもオピニオンリーダーが情報発信しやすい，ということである。なお，ここで分析の手法として採用したネガティブ・バイノミアル回帰モデルは，目的変数の分布の形状に沿った特定のタイプの回帰分析を採用したことを意味している。

　さて，本題に戻って分析結果を詳しく検討しよう。情報発信人数は，発信者である主回答者のフェーズごとのプラス情報・マイナス情報の発信人数それぞれを目的変数として4通りの分析を行った。また表の上部に目的変数の内訳が書かれている。表の最左列は説明変数のリストであり，表の下部の2行は対象となったサンプル数と分析モデルの統計的な有意水準が表示されている。

　この分析で投入した説明変数を補足説明しておこう。「利用フェーズ後経過月数」とは，「関心フェーズ」から「利用フェーズ」に移った後の時間を月数で表している。「関与」とは，対象サービスに対して「関心があるか」「魅力を感じるか」「アドバイスできる知識があるか」の3問（4点尺度）の尺度得点で，当該サービスに対する回答者の関心の強さを示す尺度である。関与は消費行動研究では重要な要因であることが知られている。また，消費は周囲の他者の普及認識によってしばしば影響を受けることが知られているため，局所普及率要因を説明変数に加えた。その内容は，①使っている人は1割未満だと思う，②1割以上〜2割未満だと思う，③2割以上〜4割未満だと思う，④4割以上〜6割未満だと思う，⑤6割以上〜8割未満だと思う，⑥8割以上だと思う，の6点尺度である。最後に，ネットワーク次数とは知

人の数を指す。5.4節でデータを詳しく検討し，また第6章以後でソーシャル・ネットワークの分析において主要変数となるものである。

　さて，表5-6から，ワンセグの情報発信人数は，関心フェーズではプラス情報とマイナス情報ともにマーケットメイブン得点とオピニオンリーダー得点どちらも高いほど，より多くの人に話すという結果が得られた。さらにネットワーク次数も正で有意であることから，知り合いが多い人ほど多くの人に話しているということがわかる。なお，関与はプラス情報の発信人数のみに有意であった。女性のほうがプラス・マイナス情報ともに情報発信人数が少ないという結果も見てとれる。

　ここから，関心フェーズにおいてはオピニオンリーダーであれ，マーケットメイブンであれ消費者の特性が高いほど（図5-9，上段のふたつのグラフも参照。この図は表5-6の結果を図で表示したもの），また，知り合いの多い人ほど，より多くの人にクチコミを行っていることがみえてくる。意思決定の初期の関心フェーズで消費者特性の効果がみえることを示しているのである。オピニオンリーダーやマーケットメイブンがイノベーションを自ら採用する以前からプラス面だけでなくマイナス面についてまで語る点がみごとにみてとれる。

　次に利用フェーズでは，関与とオピニオンリーダー得点と局所普及率においてプラス情報発信人数と正の相関があるが，マーケットメイブン得点はマイナス情報と正の相関があるという結果となった。さらにプラス・マイナスともに購入後時間の経過にあわせて，情報を発信する相手の人数が減少するという結果が得られた。

　利用フェーズ，つまり製品の購入やサービスの使用に至った場合，時間経過とともに情報発信が減少するのは自然であろう。一方，プラス情報についてはオピニオンリーダー得点が高い人が（図5-9，左下図），マイナス情報についてはマーケットメイブン得点が高い人が（図5-9，右下図），より多くの人にクチコミを行うというように，消費者の特性に応じてクチコミの質が変化しているとも考えられる。換言すれば，購入後オピニオンリーダーは商品にコミットしているが，マーケットメイブンは悪い点について他者に情報を与え続けているのである。

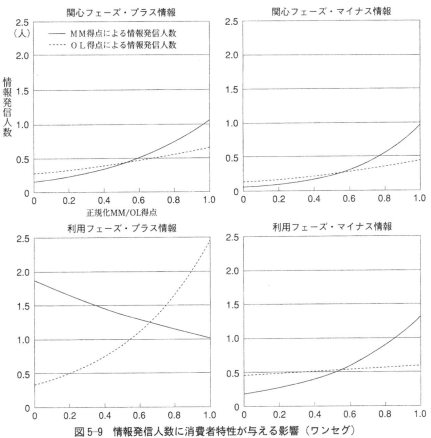

**図5-9　情報発信人数に消費者特性が与える影響（ワンセグ）**

この図では正規化 MM/OL 得点を用いる。それは MM 得点・OL 得点の最高得点を 1.0 点，最低得点を 0.0 点に変換して表現したものである。MM 得点と OL 得点はそれぞれ値のとる範囲が異なるため，これを 0.0〜1.0 の範囲で一定にすることで比較を容易にするためである。

では，SNS（mixi）ではどうだろうか。

表 5-6 と同様の方法で SNS（mixi）を分析した結果が表 5-7 である。

SNS（mixi）の情報発信人数は，関心フェーズではプラス情報，マイナス情報ともにオピニオンリーダー得点が正で有意であった。マーケットメイブン得点はマイナス情報のみで正で有意であった。利用フェーズでは，プラ

表 5-7  SNS（mixi）の情報発信人数の分析結果

| | SNS（mixi） | | | |
| --- | --- | --- | --- | --- |
| | 関心フェーズ | | 利用フェーズ | |
| | プラス情報 | マイナス情報 | プラス情報 | マイナス情報 |
| 利用フェーズ後経過月数（≧0） | | | −0.43*** | −0.39*** |
| 主回答者年齢 | −0.04** | −0.04** | −0.01 | −0.01 |
| 主回答者性別（男＝0，女＝1） | −0.38* | −0.59*** | −0.32** | −0.82*** |
| 関与 | 0.14*** | −0.11** | 0.21*** | −0.03 |
| マーケットメイブン得点 | 0.03 | 0.04* | 0.04*** | 0.03** |
| オピニオンリーダー得点 | 0.22*** | 0.13* | 0.05 | 0.04 |
| ネットワーク次数（100 倍の値を表示） | −0.04 | 0.21** | 0.07 | 0.18** |
| 局所普及率 | 0.88 | 0.77 | 0.34 | 0.36 |
| 定数項 | −3.65*** | −1.92* | −2.69*** | −0.94 |
| $N$ | 636 | 636 | 732 | 732 |
| Prob＞chi2 | 0.00 | 0.00 | 0.00 | 0.00 |

*$p<0.05$; **$p<0.01$; ***$p<0.001$

ス情報マイナス情報ともにマーケットメイブン得点のみ正で有意であった。

　これは，オピニオンリーダー得点の高い人は関心フェーズで，マーケットメイブン得点の高い人は利用フェーズでクチコミが増える傾向を表している（図 5-10 参照）。この理由は明らかではないが，たとえば SNS（mixi）という目にみえないサービスについて語るうえで，オピニオンリーダー特性のもつ専門性が利用前の関心フェーズにおいてクチコミを高めることを可能にし，逆にマーケットメイブン特性の高さは実際の使用後にこそ強く影響する，つまりマーケットメイブンは体験することによって語る，という解釈が可能かもしれない。興味深いのはワンセグと同様，SNS でもマーケットメイブンはマイナス情報を他者に伝え続けているという知見だろう。オピニオンリーダーと違って，それは利用フェーズでも持続する。このことがマーケットメイブンをクチコミ伝播上，重要なプレイヤーにしているのであろう。

　なお，ネットワーク次数の大きな人ほどいずれのフェーズにおいてもマイナス情報を語りやすいという結果は興味深いが，SNS に特有であるかどうかは断定できない。ただしネットワーク次数の特性からみて，マイナス情報がプラス情報より広がりやすいことがみてとれる。このことはこれまでの否

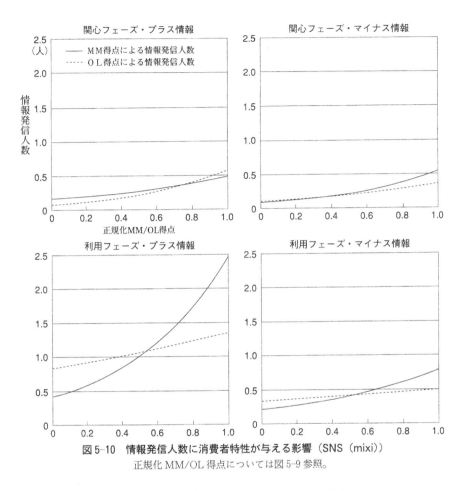

図5-10 情報発信人数に消費者特性が与える影響（SNS（mixi））
正規化 MM/OL 得点については図5-9参照。

定的情報に関する知見にも合致する（濱岡, 2008）。この点も普及研究にとっ
てはさらに深く追求する価値がある。

　この節でみたように，オピニオンリーダーやマーケットメイブンといった
消費者の特性は，消費者のクチコミのしかたに影響を与える。しかし，同時
にそのクチコミの特性は，対象とする製品やサービスの種類やそれへの理
解・関心の程度によって変わってくることが，この節の分析によって示唆さ
れた。また，ネットワーク次数や局所普及率といった消費者が置かれている

ネットワーク上の位置によっても異なることが明示された。

　最後に，これら以外に効果が明瞭な「関与」の要因に言及しておこう。関与は消費者行動ではよく知られた要因である。関与の強さは一般的にいって購買にプラスの要因として働くが，この節の分析が示しているのは，関与が強いほど当の商品についてプラスの情報をクチコむという点である（SNSの関心フェーズではマイナスの情報を抑制している）。「クチコミは思い入れから」という側面がみえるのである。また一方，こうした関与の要因を統制しても（分析で統計的にこの関与要因の効果を差し引いても），オピニオンリーダー特性やマーケットメイブン特性の正味の効果が明瞭に有意であったことは，クチコミにおいてオピニオンリーダーやマーケットメイブンといった特性がいかに重要であるかをよく示している。

### 5.3.3　消費者はどれだけクチコミの影響を受けるのか

　クチコミはそれが消費者の行動に影響を与えてはじめて意味をなす。そしてその影響が大きな推進力となって普及過程が進行する。マーケターがクチコミに関心を寄せるのはこの点である。そこで，消費者がクチコミの影響をどのように受けるのか，この節の最後の例として第1回調査での携帯メールとおサイフケータイを例に，多要因の分析を進めよう。ここでは，購買行動を考えるうえで「購買活性度」を定義した。購買活性度とは「採用時期」「機能の有無」「購入意向」の3点の調査項目をもとに定義した順序尺度で，購入意向が高いほど購買活性度の値は高くなるように定義してあり，これを当のイノベーションの採用の指標とした[10]。この購買活性度を目的変数とした分析結果を示そう。

　ここでの対象サービスは携帯メールとおサイフケータイであったから，消費者の購買活性度関数は次の変数によって規定されていると考えられる。まず，携帯メールはコミュニケーション手段であるため，コミュニケーション相手のスノーボール他者の購買活性度と自分の周囲の局所的な普及率の影響を受けることが予想される。一方，おサイフケータイはコミュニケーション手段ではなく，調査の2006年当時は普及初期にあったため，むしろ個人的な特徴や関与・選好による影響が観察されることが予想される。それぞれに

表 5-8　購買活性度の影響要因の分析

| | 購買活性度関数 | | | |
|---|---|---|---|---|
| | 携帯メール | | おサイフケータイ | |
| | 偏回帰係数 | 標準化<br>偏回帰係数 | 偏回帰係数 | 標準化<br>偏回帰係数 |
| 性別（男性＝0，女性＝1） | $-12.79$ | $-0.04$ | $-38.23$ | $-0.12*$ |
| 年齢 | $-3.97$ | $-0.15***$ | $-1.22$ | $-0.05$ |
| 学歴（ref. 大学） | | | | |
| 　高校，その他 | 10.92 | 0.02 | 32.57 | $0.07*$ |
| 　短大・高専，専門学校 | 13.54 | 0.04 | 12.44 | 0.03 |
| 　大学院 | 5.68 | 0.01 | 21.87 | 0.03 |
| 職業（ref. 企業　事務系） | | | | |
| 　企業　技術系 | 23.27 | 0.06 | $-3.11$ | $-0.01$ |
| 　パート・バイト，主婦 | $-1.93$ | $-0.01$ | 1.00 | 0.00 |
| 　企業　営業／労務，自由業，学<br>　　生，その他，無職 | 18.24 | 0.04 | $-0.55$ | 0.00 |
| 　企業　経営者・役員 | 40.85 | 0.04 | 32.59 | 0.03 |
| 　商工自営業 | 82.46 | $0.08*$ | $-32.93$ | $-0.03$ |
| 買い物圏（ref. スーパーや商店街） | | | | |
| 　最寄り駅周辺 | 86.31 | $0.17**$ | 45.15 | 0.09 |
| 　ターミナル駅周辺 | 29.29 | 0.09 | 50.45 | $0.15*$ |
| 　郊外型の商業地 | 45.57 | 0.12 | 36.89 | 0.09 |
| 可処分所得 | 0.62 | 0.02 | $-0.28$ | $-0.01$ |
| 特定サービス関与 | 4.96 | 0.05 | 35.20 | $0.56***$ |
| オピニオンリーダー得点 | $-1.44$ | $-0.01$ | $-28.51$ | $-0.13***$ |
| マーケットメイブン得点 | 1.00 | 0.00 | 15.99 | 0.06 |
| アーリーアダプター得点 | 5.24 | 0.02 | $-13.67$ | $-0.06$ |
| 局所的普及率 | 83.09 | $0.08*$ | 135.01 | $0.11***$ |
| 特定サービス会話人数 | 1.39 | $0.13***$ | 0.18 | 0.01 |
| スノーボール他者購買活性度 | 0.26 | $0.26***$ | 0.15 | $0.15***$ |
| 定数項 | 194.14 | ．$*$ | $-18.95$ | ． |
| $N$ | 604 | | 604 | |
| Prob$>F$ | 0.00 | | 0.00 | |
| 決定係数 | 0.20 | | 0.46 | |
| 調整済み決定係数 | 0.17 | | 0.44 | |

$*p<0.05; **p<0.01; ***p<0.001$

注：表中で「ref.」は比較対象となるベースカテゴリーを示す。学歴，職業，買い物圏
はそれぞれカテゴリー変数であるため，こうした変数投入法を行う。

ついて重回帰分析を行った結果を表 5-8 に示す。購買に関わる統制要因として，年齢，学歴，職業，買い物圏，可処分所得といったデモグラフィック要因を投入したものである。こうすることで，デモグラフィックな特性にかかわらず一般的にみて他者の購買活性度や局所普及率の効果がみられるかが判断できる。

結果は，両サービスともに他者の購買活性度と周囲での採用の多さという局所普及率が正で有意な変数となった（表 5-8 の左側に列挙された変数群の下から 1 番目と 3 番目である）。購入に積極的な他者との会話や，当該サービスが周囲で利用されていることが，消費者のサービス利用行動を促進するという結果が得られた。係数の値を変数間で比較できる標準化偏回帰係数（$\beta$）をみると，携帯メールではスノーボール他者購買活性度が最も正の相関が強いことがわかる（$\beta = .26$）。これは，メールが他者とのコミュニケーション・メディアであるという特性を明瞭に示す。一方，おサイフケータイではサービスへの個人的な関与が購買活性度と最も強い正の相関を示す結果が得られた（$\beta = .56$）。これも予想どおりの結果といえよう。なお，携帯メールではこのサービスについて多くを語るほど（特定サービス会話人数）サービス利用が促進されるという側面もあり，ここでもメールがコミュニケーション手段であるという特性を際立たせている。

分析をもう一段進めよう。表 5-8 では，主回答者自身のオピニオンリーダー得点やマーケットメイブン得点の効果は明瞭にみることができなかったため，消費者類型の効果をより明示的に検討するための分析を行うのである。ここでは購買活性度を目的変数とする点は同じであるが，説明変数を追加する。それは，主回答者とスノーボール他者ペアそれぞれの消費者タイプの組みあわせを他者購買活性度の交互作用項として導入するものである。このことは組みあわせそれぞれをカテゴリー変数化することによって可能となる。ここでいうカテゴリー変数とは，たとえばオピニオンリーダーならオピニオンリーダーであるか否かで 1（yes）か 0（no）の値をとる変数（ダミー変数）と設定するものであり，交互作用とは，ここでは他者の購買活性度が主回答者とスノーボール他者の組みあわせのパターンによって異なる効果をもつかどうか（組みあわせのパターン＝（組みあわせダミー変数）×（他者購買

活性度）のもつパワー）を検討するものである。注目したいのは，組みあわせのなかで「他者がオピニオンリーダーで主回答者がフォロアー」というようなパターンの場合である。このとき，オピニオンリーダーである他者がフォロアーたる主回答者を説得したりクチコんだりすることで，主回答者に対する他者の購買活性度の影響力が強まるのではないか，と予想できるだろう。逆に，「他者がフォロアーで自らがオピニオンリーダー」なら反対の予想ができる。つまりネットワーク内の伝達力の差が，購買活性度の影響力にも差をもたらす，と予想するのである。この分析は（表5-8とともに），スノーボール調査でなければ不可能な分析であることに注意されたい[11]。

　結果を表5-9に示す。フォロアー同士の組みあわせに比較して，オピニオンリーダーとフォロアー（OLとFLのパターン），オピニオンリーダーとマーケットメイブン（OLとMM）の組みあわせでは5%有意で負であったことから，オピニオンリーダーはオピニオンリーダー得点の低い相手からは影響を受けにくい存在であるという結果が得られた。逆に，マーケットメイブンにはそうした特徴はみられなかった。オピニオンリーダーもマーケットメイブンもともに他者に対して製品やサービスを語るというコミュニケーション上の特性をもつが，購買への影響力のパターンという点では，オピニオンリーダーがほかの人びとに対して影響者であるという不均衡性があるのに対して，マーケットメイブンにはそうした特徴はなく，前項でみたような情報の広範な流通者という特性のみを有していたのである。これらの点は消費者の類型から予測されるとおりの結果であった。

　ここまでみてきたように，本書では広く知られたオピニオンリーダーと近年注目されているマーケットメイブンというふたつの消費者の類型化の軸を主に，情報入手先の選択やクチコミのしかた，クチコミの影響が消費者の特性によってどのように異なるのかを，スノーボール調査の結果から議論した。分析からわかるように，オピニオンリーダーとマーケットメイブンという消費者類型によって，消費者のクチコミ行動や消費行動を新たな視点から理解できることがわかるだろう。

　なお，ここで示したデータは十分にオピニオンリーダーやマーケットメイブンの行動特性を理解したり予測したりするまでの結果だとは断定できない。

#### 表 5-9　ダイアドの消費者タイプを考慮した分析

| | 購買活性度関数 | |
|---|---|---|
| | 携帯メール | おサイフケータイ |
| | 偏回帰係数 | 偏回帰係数 |
| 性別（男性＝0，女性＝1） | −8.72 | −60.08*** |
| 年齢 | −4.19*** | −2.50* |
| 学歴（ref. 大学） | | |
| 　高校，その他 | 6.39 | 54.20** |
| 　短大・高専，専門学校 | 18.77 | 19.04 |
| 　大学院 | 3.09 | 25.08 |
| 職業（ref. 企業　事務系） | | |
| 　企業　技術系 | 26.25 | −0.98 |
| 　パート・アルバイト or 主婦 | −0.57 | −30.31 |
| 　企業営業／労務，自由業，学生，その他，無職 | 21.12 | −13.20 |
| 　企業　経営者・役員 | 56.62 | 124.98** |
| 　商工自営業 | 76.58 | −49.76 |
| 買い物圏（ref. スーパーや商店街） | | |
| 　最寄り駅周辺 | 88.13** | 43.30 |
| 　ターミナル駅周辺 | 26.16 | 49.12* |
| 　郊外型の商業地 | 40.78 | 36.47 |
| 可処分所得 | −0.11 | −2.63 |
| オピニオンリーダー得点 | 11.92 | 0.57 |
| マーケットメイブン得点 | −0.88 | −1.92 |
| アーリーアダプター得点 | 8.75 | 15.55 |
| 局所的普及率 | 84.09* | 285.46*** |
| 特定サービス会話人数 | 1.44*** | 3.78** |
| スノーボール他者購買活性度 | 0.35*** | 0.32*** |
| 他者活性度交互作用（ref. 主：フォロアー，他：フォロアー） | | |
| 　主：FL，他：MM | 0.10 | 0.00 |
| 　主：FL，他：OL | −0.03 | −0.09 |
| 　主：FL，他：LC | −0.04 | −0.19 |
| 　主：MM，他：FL | −0.26 | −0.03 |
| 　主：MM，他：MM | 0.15 | 0.14 |
| 　主：MM，他：OL | −0.07 | 0.05 |
| 　主：MM，他：LC | −0.10 | −0.09 |
| 　主：OL，他：FL | −0.28* | −0.26* |
| 　主：OL，他：MM | −0.54* | −0.22 |
| 　主：OL，他：OL | −0.11 | −0.02 |
| 　主：OL，他：LC | −0.06 | −0.05 |
| 　主：LC，他：FL | 0.00 | −0.07 |
| 　主：LC，他：MM | −0.18 | 0.05 |
| 　主：LC，他：OL | −0.10 | −0.19 |
| 　主：LC，他：LC | −0.18 | −0.18 |
| 定数項 | 249.68*** | 275.60*** |
| $N$ | 604 | 604 |
| Prob>$F$ | 0.000 | 0.000 |
| 決定係数 | 0.22 | 0.25 |
| 調整済み決定係数 | 0.18 | 0.21 |

*$p<0.05$; **$p<0.01$; ***$p<0.001$

本書で紹介した過去3回のスノーボール調査では，のべ6種類のサービスについて調査したにすぎない。しかしながら，今後さまざま製品やサービスに関して調査し，消費者特性ごとの認識や行動の類型化を通して，消費者の思考や行動の予測を精緻化していけば，より細かなマーケティング・広告戦略を体系的に立案できる可能性もみてとれるだろう。

## 5.4——ネットワーク特徴量と消費者特性

この章ではここまで，消費者個々の特性として重要なオピニオンリーダーやマーケットメイブンを検討し，それら特性とクチコミ行動との関連をみてきた。そして，クチコミの情報源，クチコミを行う規模を規定する要因，そしてクチコミが消費者の判断に及ぼす効果を検討してきた。

これらを受けてこの節では，ソーシャル・ネットワークの視点からアプローチする分析を進める。つまり消費者のもつネットワークの特性を「ネットワーク特徴量」という視点からみるのである。いうまでもなく，消費者は孤立しているのではなくて，クチコミをしながらソーシャル・ネットワークにつながっている。それゆえにネットワーク特徴量を吟味することが研究の次のステップとして肝要なのである。

さて特徴量とは，一般に対象のさまざまな性質に関する特性を数値化したものである。ソーシャル・ネットワークにはさまざまな特徴量（ネットワーク特徴量）が存在するが，ここでは特徴量の最も基本的な特性である「知人数」に注目して，その計測方法や消費者特性との関係をみる。ソーシャル・ネットワークのほかの特徴量や，それを反映したソーシャル・ネットワークのシミュレーションの構築方法については，本書の第III部で述べることにする。

### 5.4.1 ソーシャル・ネットワークと知人数

クチコミの影響力を考察するとき，基本となるデータが知人数（第III部で扱うグラフ理論では次数とよぶ）である。それは，あるひとりの消費者が何人の消費者にクチコむかを考えれば知人数が大きな要因として働くことは

容易に理解できるだろう。いくらマーケットメイブンであっても，知人数が少なければ影響力は落ちるはずである。つまりクチコミの影響力は知人数の関数である。

また，複雑ネットワーク研究の文脈からソーシャル・ネットワークをとらえるとき，「知人数の分布」はネットワーク次数の分布として理論化される。そしてそれが「スケールフリー性」（次数分布のベキ乗則，6.1節参照）というネットワークの重要な特性をもつことからも，知人数がネットワーク特徴量の基本であることがわかるだろう。

しかし，知人数の測定を行うのは，実は簡単ではない。「あなたの知人は何人いますか？」という質問に容易には答えられないことからも，明らかだろう。そもそも「知人」の定義は人によって違うかもしれない。また人間の記憶はときにあいまいであり，状況を特定したりあるいは何らかの手がかりを与えたりせずに，たんに「知人数は？」と聞いただけでは，容易にはその数字を具体的に挙げることはできない。このため，ソーシャル・ネットワーク研究の分野では知人数，ひいては知人数の測定方法は，大きな関心のひとつであった。その代表的な測定手法を説明しよう。

### 5.4.2　知人数とその計測方法

知人数計測の手法にはいくつかの方法が存在する。そのなかで比較的広く使われている手法は，デ・ソラ・プールら（de Sola Pool & Kochen, 1978-79）による「電話帳法」である。電話帳法はデ・ソラ・プール以降改良が加えられてきたが，ここでは，最も精度が高いと考えられるキルワース（Killworth, P. D.）らの研究をもとに説明する。

電話帳法の手続きでは，いくつかの名字を回答者に提示し，その名字をもつ知人数を聴取する。そして提示した名字が電話帳全体のなかで占める登録数の割合から，回答者の知人数を推定するものである。これを式で表せば次のような計算となる（Killworth et al., 1990）。

$$知人数の推定数 = 提示した名字の回答数合計 \times \frac{電話帳全体の登録数}{提示した名字の電話帳登録数}$$

この式は，ランダムに選ばれた名字について，その名字のエントリーが電話帳全体に対して占める割合と，ある人間においてその名字をもつ知人がその人間の知人全体に占める割合が等しいとした場合の比例式になっていることに注意すれば，容易に理解できる。

　電話帳法は，ある名字を与え，それを手がかりとして回答者の記憶を想起させるため，比較的回答がしやすいと考えられる。また，提示する名字の数を制御することで，知人数の推定値の精度も一定程度コントロールできるという利点がある。このため，日本においても「電話帳法」が精度のよい推定方法として用いられている。

　一方，欠点もある。そのひとつは回答者の負荷である。電話帳法では，複数の名字（通常 10 から 100 個程度）に対して知人数のカウントを回答者に求めることになる。知人数の調査を単体で行うなら大きな問題にはなりにくいが，それが調査票全体の一部にすぎないならば，調査全体が大きくなりすぎてしまうリスクを冒す。私たちのスノーボール調査はそれに該当し，電話帳法の設問をそのまま用いるのには負荷が高すぎた。

　そこで，私たちは電話帳法ではなく，近似的な簡便法として携帯電話のアドレス帳登録数を知人数とみなすという仮定を置き，これを調査することにした（石黒・辻，2006）。本書ではこれを「携帯アドレス帳法」とよぶ。携帯アドレス帳法以外の簡便な知人数測定方法には，年賀状の受け取り枚数を知人数の指標とみなす手法もある。これを「年賀状法」とよぶ。年賀状法も携帯アドレス帳法も，回答者が知人に関する記憶を想起する必要はなく，年賀状の枚数や携帯電話のアドレス帳の登録数を単純に数えればよい，という意味で，電話帳法に比べ回答者の認知的負荷が小さいだけでなく，そもそも回答すべき項目がただひとつの数値となり，その聴取がかなり簡単に行えるという利点がある。

　一方，年賀状を出すという習慣がとくに都市部や若年層を中心に減少傾向にあること，逆に携帯電話のアドレス帳については，その利用や登録数が世代や機器への習熟度に大きく影響を受ける可能性がある。実際，携帯アドレス帳法を提案した石黒らも，40 代以上の層や非都市部においては，携帯アドレス帳の利用率が下がるために知人数の推定には適さないことを指摘して

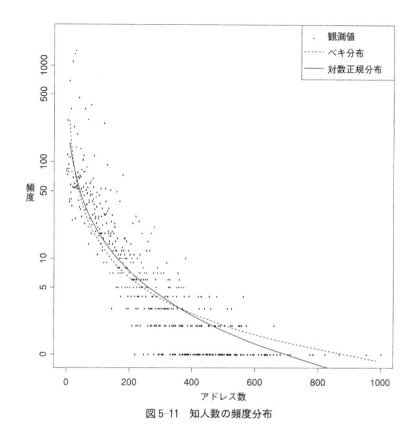

図5-11 知人数の頻度分布

いる。

　本書の研究のスノーボール調査では，ITに関連する製品やサービスを主
な対象とし，その利用者も40代以下が多く，またサンプルの居住地域も首
都圏に限定していることも踏まえて，携帯電話帳によって得られる値を知人
数の推定値と仮定する。

### 5.4.3　知人数とその分布

　一般的に，知人数の分布をヒストグラムで表すと，ベキ分布が得られると
されている。つまり，X軸（知人数）とY軸（その階級に属する人数）に，
右肩下がりに裾野が広がった分布である（6章6.2節のソーシャル・ネット

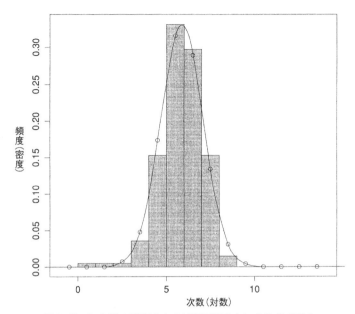

図 5-12　知人数の頻度分布の対数正規分布によるあてはめ

ワーク分析参照)。これを知人数についていえば、大半の人はそれほど多く
の知人数をもたないが、ごくまれにきわめて多い知人数をもつ人が存在する、
ということを表している。ベキ分布の特徴は、X 軸と Y 軸の両方向に対数
をとる、いわゆる両対数グラフで表したときに、直線になることである。ネ
ットワーク構造において、辺(エッジ)の数に基づく頻度分布がベキ分布に
なる性質はさまざまなネットワーク構造に共通して広くみられ、スケールフ
リー性ともいわれる。

　しかし、ソーシャル・ネットワークが常にスケールフリー・ネットワーク
となるか、というと必ずしもそうではない。対数正規分布に近いという指摘
(吉田, 2006) や、特殊なソーシャル・ネットワーク (たとえばモルモン教徒
のソーシャル・ネットワークの調査) では正規分布に近くなった例 (Ber-
nard el al., 1988) もあるという。

　私たちの調査の結果をみると、ベキ分布に近い形状をしているのがみてと
れる (図 5-11 参照)。ここでの「アドレス数」は携帯電話のアドレス帳の登
録数である。ただし、この分布をもう少し詳細に分析すると、ベキ分布とい

うよりは，対数正規分布に近い分布となっていることがわかった[12]。知人数を対数化したヒストグラムと正規分布によりあてはめたものを，図5-12に示す。ここでは，ソーシャル・ネットワークがどの分布に近いかという論点の検討が本書の直接の目的から外れるため，ベキ分布の性質，すなわちX軸とY軸方向の裾野が広くなる点は確認しつつ，以降の議論上の便宜を考え，知人数の頻度分布を対数正規分布（つまり，対数化した知人数の分布が正規分布となる）とみなすことにしたい。

### 5. 4. 4　ソーシャル・ネットワークと消費者の特性

　オピニオンリーダーとマーケットメイブンという2種類の消費者類型は，消費者個々人の特性を表すものであった。しかし同時に，これらの特徴的な消費者は，消費者の形作るネットワークのなかで，クチコミによる情報伝播を通じて一般の消費者とは異なるふるまいをすることが考えられる。そうであれば，消費者個人の特性とその消費者がもつネットワーク特徴量とのあいだには，何らかの関係があると考えられるだろう。それは，オピニオンリーダーやマーケットメイブンといった消費者特性と，そのソーシャル・ネットワーク内での位置づけにはどのような関係があるのか検討すべきことを意味している。そこで消費者特性と知人数の関係をみよう。

　まず注意すべき点は，知人数と消費者特性との相関関係である。表5-10に，知人数とオピニオンリーダー度・マーケットメイブン度との相関係数を示す。

　これからわかるように，知人数と消費者特性のあいだの相関係数は0.16と0.14で，知人数が多いほどマーケットメイブン度も大きいといった，強い関係は明瞭には見出せない。この傾向はアドレス数を対数化した場合も同様であった。そこで，次に消費者特性の得点ごとに層化を行った場合の，分布を見てみよう。図5-13は，横軸を「マーケットメイブン度の得点」，縦軸を「対数化知人数の平均値」としたグラフである。

　図中で，実線は全データで当てはめた直線，点線は両端を外れ値とみなして区間[25, 75]で当てはめた場合の直線である（MM得点の最低点20点から24点までの最下位層，最高点の80点から76点までの最上位層をのぞ

表 5–10　知人数とオピニオンリーダー度・
マーケットメイブン度との相関係数

|  | MM 得点 | OL 得点 | 知人数 |
|---|---|---|---|
| MM 得点 | 1.00 | 0.37 | 0.16 |
| OL 得点 |  | 1.00 | 0.14 |
| 知人数 |  |  | 1.00 |

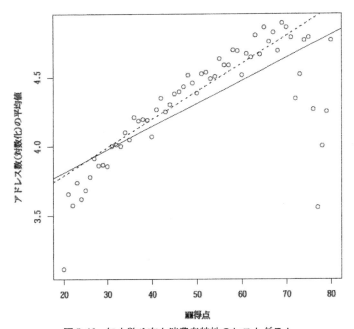

図 5–13　知人数分布と消費者特性のヒストグラム
全データ…実線：$R^2=0.53$, adj$-R^2=0.53$
区間 $(25, 75)$ のみ（両端を外す）…点線：$R^2=0.86$, adj$-R^2=0.85$

いたわけである）。「マーケットメイブン」度が最も高い得点層で落ち込みが
あるものの，ここからわかるのは，得点が高いほうが対数化した知人数の平
均値が高くなる傾向をもつ分布となることである。

　消費者得点の分布と，（対数化した）知人数の分布が，いずれも正規分布
だとすれば，このふたつを二軸とした二次元正規分布を考えるときに，正の
相関があるのではないかと予測される。そこで，非線形最小自乗法によるあ

てはめを試みた結果，知人数の頻度分布の平均とマーケットメイブン得点の
あいだに相関を仮定したほうが仮定しないよりも当てはまりがよく[13]，知人
数とマーケットメイブン度のあいだには数量的な関係があると判断できた。

　この結果は，何を意味するのだろうか。マーケットメイブンはその情報発
信の高さから，そのクチコミ先の相手も多くなることが考えられる。またオ
ピニオンリーダーもクチコミではハブとしてふるまうことが指摘されている。
とすれば，いずれの特性もそれが高い場合に，知人数の分布が高いほうに偏
る，というのは整合的な結果といえるだろう。つまり，消費者特性（オピニ
オンリーダー度，マーケットメイブン度）という個人の属性と，知人数とい
うネットワーク特徴量のあいだの関係を量的にもとらえうる，ということで
ある[14]。

　このような観点で，消費者とそのソーシャル・ネットワークを理解するこ
とは，社会全体の動きをシミュレーションするときに，より正確なモデルの
検討やパラメータの設定を行ううえで重要な知見となるだろう。消費者全体
が作るソーシャル・ネットワークは，たんなる消費者個々人の総和ではない
のである。


1)　こうした全体の事前の確認は，ウェブ調査以前には行われていない。ウェブ方
　　式ではスノーボール回答者がネットユーザである必要があり，そのために事前の
　　確認の必要性が高くなったことによる。
2)　我々のウェブ調査では「NEC ビッグローブ　BU ネットサーチ」を利用した。
　　スノーボール調査の概略については，「付録スノーボール調査実施の概略」を参
　　照。
3)　以後，主回答者との組みあわせでスノーボール調査の対象者を指すときは「ス
　　ノーボール回答者」とよぶが，同じ人を主回答者からみたネットワーク上の他者
　　として記述するときには「スノーボール他者」とよぶ。「スノーボール回答者」
　　は調査手法上の回答者の分類名称であり，「スノーボール他者」は社会科学理論
　　上の呼び名である。
4)　なお専門的には，後者の分析の際には，同じ主回答者が同一分析内で複数回デ
　　ータとして登場することを考慮したロバスト回帰系の手法がとられる。
5)　第3章でもそうしたように，「マーケットメイブン」をMM，「オピニオンリ

ーダー」を OL と略記する。

6) 以降の図表では，スペースの関係から，「マーケットメイブン」を MM，「オ
   ピニオンリーダー」を OL，「リーディングコンシューマー」を LC，「フォロア
   ー」を FL と略記する。

7) 調査実施当時。2008 年 11 月 27 日，株式会社ミクシィは招待制を廃止し，招
   待状なしでも利用できる登録制を導入すると発表した。また，ミクシィ以外では
   最初から登録制の SNS も存在する。

8) 一部のサービスは有料。

9) 図には表示しなかったが，第 2 回調査の「ワンセグ携帯」では，購入に至った
   理由として「店頭（販売員・展示）」でみて決めたというのが最も多かった。こ
   の点からも，クチコミの相対的な発生量は商品によって異なる可能性がある。と
   くにワンセグ携帯は実際に眼でみて画面の美しさを主観的に確認することが重要
   であり，クチコミのウェイトが低く，一方「店頭」での頻度が高くなるという，
   同様の傾向がみられた。

10) 第 1 回調査の消費者行動モデルでは，購買に至る消費者の心理的状態を「フ
    ェーズ」として明示するのではなく，ひとつの順序尺度を用いて購買の意欲を表
    現するというモデル化を行っていた。ここでは，購買活性度という仮想的な尺度
    量が小さい状態から大きい状態に推移していく過程をもって，購買意欲の高さを
    表現した。購買活性度の利点は，ひとつの尺度量に正規化することで異なる製品
    やサービスのあいだでの購買意欲の比較が可能になることであったが，一方で，
    購買に至る活性度の「閾値」の設定が恣意的になったり（尺度量のどの点で購買
    の決定に至るのか），第 3 回調査のような「フェーズ」が明示されないため，心
    理的状態との関連付けやその解釈が困難になったりするという問題があった。

11) なお，他者からの影響に着目するため，説明変数（他者活性度交互作用を示
    す組みあわせごとの 15 のダミー変数；ベースカテゴリーは主回答者も他者もフ
    ォロアー）からは，とくにおサイフケータイにおいて強く効いていた関与変数を
    除いて分析した。

12) ベキ分布で当てはめた場合は AIC が 1211, BIC が 1224, 対数正規分布で当て
    はめた場合は，AIC が 1156, BIC が 1172 と改善する。なお，AIC は，赤池情報
    量規準ともよばれ，元統計数理研究所所長の赤池弘次が考案した，観測データが
    モデルにどの程度一致するかを表す統計量である。また，BIC はベイズ情報量規
    準ともよばれ，AIC と同様に，観測データと統計モデルの一致の程度を表す統
    計量のひとつである。

13) AIC は 5381 から 5130 に，BIC は 5408 から 5162 に改善する（AIC, BIC に

ついては注 12 を参照）。また，知人数とマーケットメイブン得点の二次元正規分布の相関係数は 0.18 となる。

14) 注意点として，消費者特性の得点と相関をもつのが，知人数ではなく，知人数の分布の平均値であることに留意したい（このこともあり，二次元正規分布の相関係数は 0.2 程度と小さい）。このため，ある特定の消費者の消費者特性と知人数の一方から他方を直接推定することは難しい。

第 III 部

消費者行動は
ネットワークの
網のなかで生じる

# 第6章

## ソーシャル・ネットワークをとらえる

　第Ⅱ部でも述べたように，社会において消費者は，家族・親戚・友人・知人等の関係による人的つながりを構成しており，つながりの関係はソーシャル・ネットワークとしてとらえることができる。ソーシャル・ネットワークにおいて消費者同士は，つながり関係のなかで，会話を中心とするコミュニケーションを行って情報を交換しあい，相互に相手の行動に影響を与えている。このような行動の典型例がいわゆるクチコミである。第Ⅱ部でみてきたように，商品やサービスに関する情報を知った消費者は，クチコミを介してその情報をほかの消費者へ発信する。その消費者も，さらにそれ以外の消費者へ，クチコミを介して情報を伝える。こうして情報は社会全体へと伝播してゆく。

　ソーシャル・ネットワークの構造は，社会における情報の広がりかたに影響を与える。このことを検討するのがこの章である。それによって，クチコミの社会的伝播や商品の社会的普及の様相をとらえることをめざすのである。

## 6.1──ソーシャル・ネットワークとは何か

　最初の例として，地理的に遠く離れた消費者同士が知人関係によって結びついていれば，その関係はソーシャル・ネットワークにおいてショートカットのような働きをすることに注目したい。図6-1のモデルで説明しよう。

　もしソーシャル・ネットワークが，図6-1の左側に示したモデルのように，内部にショートカットをほとんどもっていない構造であれば，頂点Aがもっている情報が社会全体に広がるまでには，何人もの知人を経なければならない。時間もかかるだろう。一方，右側のモデルのように，ソーシャル・ネ

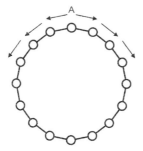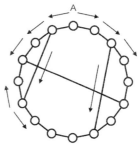

図6-1　ショートカットをもたないモデルと，たくさんもっ
　　　ているモデル

ットワークがショートカットをたくさんもっている構造であれば，情報はこ
のショートカットを経由してより早く社会全体へと広がってゆくことが容易
に理解できるだろう。このように，社会における情報伝播について理解する
ためには，ソーシャル・ネットワークの構造を知ることが必要になってくる。
　ソーシャル・ネットワークの構造を知るための方法には大きく分けてふた
つの考えかたがある。第1は，ネットワークを構成する主体間のつながり関
係の情報全てを把握して，ネットワーク図を描く考えかたである（安田，
2001）。この考え方はいわばマイクロなソーシャル・ネットワーク分析と言
いかえることもできる。それは，ネットワークの全体像を把握することが容
易な，数人から数百人程度の社会集団におけるソーシャル・ネットワークの
分析には適している。
　しかし，第1の考え方を社会全体のソーシャル・ネットワークの分析に適
用することは困難である。たとえば新製品の需要予測を目的とした情報伝播
の分析のような目的があるとき，第1の考え方に基づく分析を行おうとすれ
ば，消費者の全員について，消費者間の関係に関する全ての情報を得る必要
が生じる。しかし社会に存在する消費者の数は日本全体では1億人以上いる。
ごく地域的な商圏をとったとしても数万人から数百万人である。また，個々
の消費者が保持している知人の数は，従来の社会学的調査の結果によれば，
日本においては平均100人から200人程度である。したがって，消費者間の
関係の数は，日本全体では数十億に達し，数万人から数百万人の消費者が存
在する地域的な商圏をとったとしても，数十万から数億にのぼる。これらの

関係情報の全てを調査し，ネットワーク図を描くことは，現実には不可能である。

　さて第2の考え方は，ソーシャル・ネットワークがもつ数理的特性をいくつかの指標とし，その指標が現実世界ではどのような値になっているかを現実のソーシャル・ネットワークを対象として調査し，この調査結果に適合するようなネットワークモデルを作成し，作成されたモデルをさまざまな分析に活用していくという考え方である。この考え方はいわばマクロなソーシャル・ネットワーク分析と言いかえることもできる。

　社会学などにおけるこれまでの研究によって，ソーシャル・ネットワークがもつ数理的な特性がわかってきており，また，複雑ネットワーク（complex networks）の理論が近年進歩が著しく，このような分析に応用できるようになっている。また，ネットワークモデルを作成するうえで知っておく必要がある，ソーシャル・ネットワークの数理的特性の具体的な値は，第II部第5章で紹介したスノーボール調査の方法を用いることで調査できることがわかっている。ネットワーク次数について検討したとおりである。本書で進めていくのはこの第2の考え方に基づくものである。

　第1，第2のいずれの考え方においても，分析にはグラフ理論（graph theory）が応用される。ソーシャル・ネットワークは，個々の消費者を頂点，つながりの関係を辺とみなすことで，グラフ理論上のグラフ（graph）として表現することができる。まずはグラフ理論の基礎についてみていこう。

　図6-2はある地域における航空路線を描いた図，図6-3はサザエさんにおける濃い対人関係の一部を取り出した図である。図6-2に示されている空港同士の関係は，それぞれの空港を頂点とみなし，航空路線を辺とみなすことで，図6-4のような単純化した図で表現することができる。図6-3に示されている子ども同士の関係も，それぞれの人物を頂点とみなし，対人関係を辺とみなすことで，全く同じかたちをした図6-4の図で表現することができる。

　数学では，図6-4のような図をグラフとよび，グラフのいろいろな性質を研究する分野をグラフ理論とよぶ。グラフ理論では，グラフ $G$ は頂点（vertex）の集合 $V(G) = \{v1, v2, \cdots, vn\}$ と，頂点間を接続する辺（edge）の集

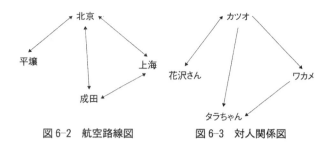

図 6-2　航空路線図　　　　　図 6-3　対人関係図

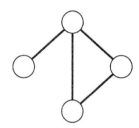

図 6-4　図 6-2 と図 6-3 を表すグラフの例

合 $E(G)=\{e1, e2, \cdots, en\}$ として記述される。図 6-5 はグラフの例である。この図で示したグラフ $G$ は，$V(G)=\{v1, v2, v3, v4, v5, v6\}$ と $E(G)=\{(v1, v2), (v1, v3), (v1, v4), (v1, v6), (v2, v3), (v2, v4), (v3, v4), (v3, v5), (v4, v5), (v5, v6)\}$ で記述される。

　グラフ $G$ の頂点 $V(G)$ のうち一部の頂点と，辺 $E(G)$ のうち一部の辺からなるグラフは，グラフ $G$ の部分グラフ（subgraph）という。図 6-5 のグラフ $G$ の例では，頂点 $v1, v2, v3$ と辺 $(v1, v2), (v1, v3), (v2, v3)$ はグラフ $G$ の部分グラフを形成している。グラフにおいて，頂点 $i$ と頂点 $j$ とが辺 $ij$ で結ばれているとき，頂点 $i$ と頂点 $j$ とは隣接している（adjacent）という。このとき，頂点 $i$ と頂点 $j$ はともに辺 $ij$ に接続している（incident）という。同様に，辺 $ij$ と辺 $ik$ とが頂点 $i$ を共有しているとき，辺 $ij$ と辺 $ik$ とは隣接しているという。図 6-5 のグラフの例では，頂点 $v1$ と頂点 $v2$ とは隣接しており，頂点 $v1$ と頂点 $v2$ はともに辺 $(v1, v2)$ に接続している。

　グラフには，辺の重み（weight）の違いを考慮する場合と，考慮しない場合とがある。たとえば，図 6-2 の航空路線図の場合は，路線の飛行距離や

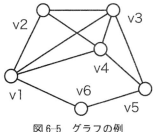

図 6-5　グラフの例

運行本数の違いによって，辺の重みにも違いがあると考えることもできる。辺の重みを考慮したグラフは重みつきグラフ（weighted graph）とよばれる。また，グラフには，辺の向きを考慮する場合と，考慮しない場合とがある。たとえば，図 6-3 の対人関係の場合は，いろいろな情報を教えてあげる側と教わる側という向きを考えることもできる。辺の向きを考慮したグラフは有向グラフ（directed graph, digraph）とよばれる。重みつきグラフや有向グラフの性質は，辺の重み，辺の向きともに考慮しない重みなし・無向グラフとは多少異なるものとなる。本書では，とくに断りのないかぎり，グラフは重みなし・無向グラフであるとする。

　グラフに含まれる頂点の数を，そのグラフの大きさ（size）ともいう。図 6-5 のグラフの大きさは 6 である。頂点 $i$ を一方向の端点としている辺の数を，その頂点の次数（degree）$k_i$ という。言い換えれば，頂点 $i$ の次数とは，頂点 $i$ に隣接しているほかの頂点の数のことである。図 6-5 のグラフの例では，$v1$ は $v2, v3, v4, v6$ と隣接しており，$v1$ の次数は 4 である。$v2$ は $v1$, $v3, v4$ と隣接しており，$v2$ の次数は 3 である。

　グラフに辺が 1 本追加されたとすると，その辺の両端にある 2 個の頂点の次数が 1 ずつ増加する。したがって，グラフに含まれる全ての頂点の次数の合計値は，そのグラフに含まれる辺の数の 2 倍に等しい。すなわち，グラフの頂点の数を $n$，辺の数を $E$ とすると，次の式が成り立つ。

$$\sum_{i=1}^{n} k_i = 2E$$

　$n$ 個の頂点のうち次数が $k$ である頂点の比率は $p(k)$ とも書かれる。すなわち $p(k)$ は，グラフに次数 $k$ の頂点が出現する確率の確率分布関数である。

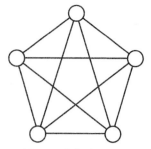

図6-6　完全グラフ *K5*

　グラフのなかで最も基本的なもののひとつが図6-6のような完全グラフ（complete graph）である。完全グラフは，グラフに含まれる異なる2個の頂点の組み合わせの全てを辺で結んだものである。大きさ $n$ の完全グラフ $Kn$ では，全ての頂点の次数が $n-1$ となり，辺の数は $n(n-1)/2$ となる。

　完全グラフ以外のグラフでは，同じ大きさの完全グラフよりも，辺の数は少なくなる。同じ大きさの完全グラフと比べた場合の辺の数の比率を密度（density）という。グラフの大きさが $n$，辺の数が $m$ のとき，グラフの密度は $2m/n(n-1)$ となる。完全グラフの密度は1であり，完全グラフ以外のグラフでは密度は1よりも小さくなる。

## 6.2——ソーシャル・ネットワーク分析

　ソーシャル・ネットワークは，いくつかの基本的な数理的特性をもつと考えられている。一般的には，次数分布のベキ乗則，小さな平均頂点間距離，大きなクラスタリング係数という3つが基本的な数理的特性としてあげられることが多い（増田・今野，2005）。本書では，これらとは別にもうひとつの数理的特性であるコミュニティ構造を，ソーシャル・ネットワークの基本的な数理的特性として掲げている。それらを説明しよう。

### 6.2.1　次数分布のベキ乗則
　ソーシャル・ネットワークがもつと考えられる基本的な数理的特性の第1番目は，次数分布のベキ乗則（power-law degree distribution）である。こ

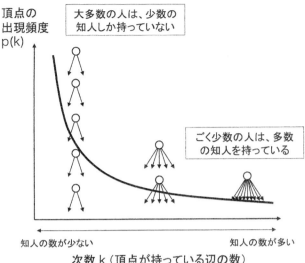

頂点の
出現頻度
p(k)

大多数の人は、少数の
知人しか持っていない

ごく少数の人は、多数
の知人を持っている

知人の数が少ない　　　　　　　　　　　　知人の数が多い

次数 k（頂点が持っている辺の数）

図6-7　ベキ乗則を示す次数分布

れは，ソーシャル・ネットワークでは，一部の頂点がほかのたくさんの頂点と隣接している一方で，大多数の頂点は少ない数の頂点としか隣接しておらず，隣接している頂点の数の分布は図6-7にみるようなベキ分布に従う，という性質である。

　社会学的なソーシャル・ネットワーク研究では，人びとが何人の知人をもっているかを調べる調査が行われている。具体的な調査方法としては，「電話帳法」（第5章参照）という，調査対象者の知人のなかで特定の名字（たとえば「鈴木」）の人をあげてもらい，その人数と，現実社会においてその名字の人が占めている比率とから，調査対象者の知人数を推定する方法が知られている。ほかにも，調査対象者がクリスマスカードや年賀状を送った数をその人の知人の数とみなす方法，調査対象者が携帯電話に登録されている電話番号または電子メールアドレスの数をその人の知人の数とみなす方法などが知られている（こちらも第5章参照）。こうした調査の結果，大多数の人びとの知人の数が限られている一方で，一部の人びとは非常に多くの知人をもっていることがわかっている。人びとの知人の数の分布は，厳密にいえば第5章でみてきたようなさまざまな議論があるものの，おおむねベキ分布

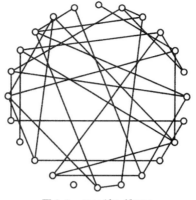

図 6-8　ランダムグラフ

に近い分布を示すと考えられている。

　次数分布のベキ乗則は，ある頂点がある次数 $k$ をもつ確率を $p(k)$ とすると，確率分布関数が $p(k) \propto k^{-\gamma}$ に従うと表現される。このとき，確率分布関数は図 6-7 のようなかたちとなる。次数分布のベキ乗則は，別の言葉ではスケールフリー（scale-free）と表現されることもある（Barabási, 2003）。図 6-7 のような次数分布では，分布の偏りを特徴づける平均的な尺度（スケール）といったものが存在しない。

　では，どのようなグラフであればこうしたベキ分布を再現できるだろうか。まず，図 6-6 のような完全グラフを考えてみる。大きさ $n$ の完全グラフ $Kn$ では，全ての頂点の次数は $n-1$ であるから，次数分布はベキ分布にはならない。それでは，図 6-8 のようなランダムグラフ（random graph）ではどうだろうか。ランダムグラフとは，所定の数の頂点を配置し，全ての頂点と頂点との組みあわせに関して辺を生成確率 $p$ でランダムに生成させたグラフである。いうなれば，社会の全てのメンバーがランダムに結びついていたとしたらどのようなネットワークを形成するかを示したものである。

　ランダムグラフの大きさを $n$ とすると，ある頂点の次数が $k$ となる確率は $p(k) = {}_{n-1}C_k \, p^k (1-p)^{n-1-k}$ の二項分布となり，$n \to \infty$，$p \to 0$，$np \to \lambda$ の極限では $p(k) = e^{-\lambda} \lambda^k / k!$ となる。このとき確率分布は図 6-9 のようなポアソン分布となる。ポアソン分布では，次数は平均値の周辺に分散 $\lambda$ で広がる分布

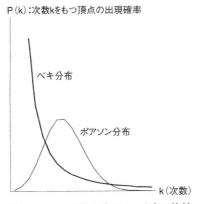

P（k）:次数kをもつ頂点の出現確率

ベキ分布

ポアソン分布

k（次数）

図 6-9　ベキ分布とポアソン分布の比較

となる。やはり，ランダムグラフもベキ分布の次数分布とはならない。した
がって現実のソーシャル・ネットワークは，完全グラフでも，ランダムグラ
フでもないということが理解されるだろう。

### 6.2.2　小さな平均頂点間距離

　ソーシャル・ネットワークがもつと考えられる基本的な数理的特性の第 2
番目は，平均頂点間距離（mean geodesic distance）が小さいことである。
これは，ネットワークから 2 の頂点をランダムに選びだしたとき，それらの
2 の頂点は，中間にわずかな数の頂点を介するだけで接続されるという性質
である。
　平均頂点間距離が小さいとは，「世間は狭い」（スモールワールド）といわ
れる性質を言いかえたものである。図 6-10 のように，ソーシャル・ネット
ワークでは，一見，遠く離れているようにみえる頂点同士でも，実はごく少
数の頂点を介して接続されていた，ということがよく起こる。A さんがは
じめて知り合った B さんは，知人の誰ともネットワークがすぐにはつなが
らない（A さんの知人の D さんや，B さんの知人の E さんを介したとして
も，遠いつながりしかなさそうにみえる）と思っていたが，知人の C さん
が実は B さんにとっても知人であることが判明した，というようなことを
指している。

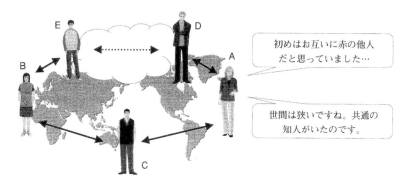

初めはお互いに赤の他人
だと思っていました…

世間は狭いですね。共通の
知人がいたのです。

図 6-10 「世間は狭い」（スモールワールド）現象

　ソーシャル・ネットワークの平均頂点間距離が小さいことは，社会学的な研究によって実証されている。第1章でも短く触れたものであるが，もう少し詳細に説明しよう。

　1967 年に社会心理学者のミルグラムは，ソーシャル・ネットワークの平均頂点間距離を測定する実験を考案した（Travers & Milgram, 1969）。その方法は次のようなものである。まずアメリカ中西部のネブラスカ州に住む人物（ここではAさんとする）をランダムに選びだし，Aさんにとって全く面識のない，アメリカ東部のボストンに住む人物（ここではZさんとする）についての情報を教える。AさんがもしZさんのことを知っているなら，Zさんに対して手紙を出してもらう。AさんがZさんのことを知らないなら，代わりに，Zさんのことを知っていそうなAさんの知人（ここではBさんとする）に対して手紙を出してもらう。Bさんに対しても同様に，Zさんのことを知っているならZさんに対して，知らないならZさんのことを知っていそうな知人に対して手紙を出してもらう。こうしてミルグラムは，知人関係だけを経由してAさんからZさんまで手紙が届くまでに何人の仲介者が必要かを調べた。すると，平均して6人を仲介するだけで，最初の人物から全く面識のない受取人にまで手紙が届くという結果が得られたのである。この結果からいえることは，頂点の数が数億個にも達するソーシャル・ネットワークの平均頂点間距離が6前後でしかないと推測され，驚くほど小さか

ったのである。億を超える人びとのもつネットワークが互いに短い辺の数だけでつながれていることが判明したのである。このことが「世間は狭い」現象を引き起こしているのである。一見遠い関係にみえる人とのあいだにも短いショートカットとなる辺が存在するはずなのである。

ミルグラムの実験の後、いろいろな国や分野で類似した実験や検証が試みられ、同様の結果が得られている（Goffman, 1969）。エルデシュ数とは、グラフ理論など多数の分野で業績を残した数学者エルデシュ（Erdös, P.）を起点として、エルデシュと共著で学術論文を執筆したことのある数学者のエルデシュ数を1、エルデシュ数 $e$ の数学者と共著関係にある数学者のエルデシュ数を $e+1$ とするものである。世界中の数学者のエルデシュ数を調べてみると、大部分はエルデシュ数5から6以下の値となる。共著の執筆とは、共著を書くくらいであるから互いに知人であることを意味する。したがってエルデシュ数とは知人の知人の知人の……という関係で、数学者同士が互いにいくつの辺で平均的につながっているかを示している。そして数学界の平均頂点間距離は5から6以下だったのである。

グラフにおいて、任意の頂点 $vi$ から任意の頂点 $vj$ まで辺を通って行き着くことができるとき、通過する辺の本数をパス長（length of the path）または距離（distance）といい、パス長のなかで最小の本数を $vi$ と $vj$ のあいだの最短距離（geodesic distance, shortest distance）$dij$ という。また、通過しなければならない辺の本数が最小であるときに、通過する辺を $vi$ と $vj$ のあいだの最短経路（geodesic path, shortest path）と定義する。$dij$ の平均値を平均頂点間距離（mean geodesic distance）もしくは固有パス長（characteristic path length）とよび、次の式で定義される。

$$l = \frac{1}{N(N-1)} \sum_{i \neq j} d_{ij}$$

そして、グラフにおいて $n$ が増大したときに、そのグラフの平均頂点間距離 $L$ が高々 $log(n)$ に比例する程度でゆるやかに増加するとき、$L$ はグラフの大きさの割には小さいと定義される。これが、「世間は狭い」現象の数学的な表現である。

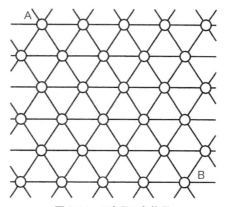

図6-11 二次元三角格子

　なお，平均頂点間距離の指標としての欠点は，グラフに孤立した頂点がある場合は一律に $L=\infty$ となってしまうことである。この問題を解消するために，global efficiency という指標も提案されている（Latora & Marchiori, 2001）。global efficiency E は次式で定義される。

$$E=\frac{1}{N(N-1)}\sum_{i\neq j}\frac{1}{d_{ij}}$$

　図6-11のような二次元の三角格子（triangular lattice）のネットワークを考えてみる。二次元三角格子では，グラフの端にある頂点 A からもう一方の端にある頂点 B まで行くためには，平面上の頂点を1個1個経由せねばならない。すなわち $L$ は $\sqrt{n}$ に比例する。$n$ が増大すると $L$ もかなり増大するので，$L$ はグラフの大きさの割には大きいといえる。

　一方，図6-8のようなランダムグラフでは，頂点同士がランダムにつながっているので近道がある。ランダムグラフでは $L=log\,(n)/log\,(pn)\propto log\,(n)$ となり，$L$ はグラフの大きさの割には小さい。したがって，ランダムグラフは，小さな平均頂点間距離という観点においてはソーシャル・ネットワークに近い構造をもっているといえる。

### 6.2.3　大きなクラスタリング係数

　ソーシャル・ネットワークがもつと考えられる基本的な数理的特性の第3

番目は，大きなクラスタリング係数（clustering coefficient）である。ソーシャル・ネットワークでは，自分と，ひとりの知人Aさんを考えたときに，自分もAさんもどちらも知っている共通の知人Bさんのような人が，たいていはいる。共通の知人がひとりもいないという状況は，皆無ではないにしてもあまりみられない。つまりソーシャル・ネットワークには，自分，Aさん，Bさんから成るような三角形の部分グラフがたくさん含まれている。このような性質を数学的に表現したものが，大きなクラスタリング係数という数理的特性である。

　これを数学的にいうと，まずネットワークから頂点 $vi$ をランダムに選びだし，その $vi$ に隣接している頂点のなかから2個の頂点 $vj$ と $vk$ をランダムに取りだしたとき，$vj$ と $vk$ もまた高い確率で隣接しているという性質である。

　任意のグラフのクラスタリング係数Cは以下で定義される。グラフから任意3個の頂点 $vi, vj, vk$ を取りだしたとき，$vi$ と $vj$ とが隣接しているときを1，隣接していないときを0とする数を $a_{ij}$，$vi$ と $vj$, $vi$ と $vk$ の2組が隣接している組み合わせの数を $N_3$，$vi$ と $vj$, $vi$ と $vk$, $vj$ と $vk$ の3組全てが隣接している組み合わせの数を $N\Delta$ とすると，

$$C = \frac{3N\Delta}{N_3}$$

$$N\Delta = \frac{1}{3} \sum_{(i,j,k)} a_{ij} a_{ik} a_{jk}$$

$$N_3 = \sum_{(i,j,k)} a_{ij} a_{ik}$$

　定義より，クラスタリング係数の最大値は1，最小値は0となる。ソーシャル・ネットワークがもつ大きなクラスタリング係数という数理的特性は，グラフのクラスタリング係数が，グラフの密度に比べて大きな値になるということを意味する。実在するソーシャル・ネットワークの密度とクラスタリング係数は各種の調査によって計測されている。たとえば，映画俳優の共演関係のネットワークや，数学分野における学術論文の共著関係のネットワークでは，密度は双方ともゼロに近かったが，クラスタリング係数はそれぞれ

0.79，0.59 であったことが報告されている（Albert & Barabási, 2002）。

　図 6-8 で示したランダムグラフを例として考えてみよう。ここでの辺の生成確率が $p$ であるとき，グラフの密度は $p$ となる。ランダムグラフでは，任意の 3 個の頂点のうち 2 組が隣接しているとき，もう 1 組も隣接しているかどうかもランダムであるため，クラスタリング係数も $p$ とほぼ同じ値となる。これは，ソーシャル・ネットワークの性質とは合わない。

　一方，図 6-11 で示した二次元三角格子では，3 個の頂点の 3 組が隣接している関係がたくさん含まれているため，グラフの密度の割にクラスタリング係数は大きな値となる。二次元三角格子では，頂点の個数が $n$ 個であるとき，辺の本数は $3n$ 本である。グラフの密度は，頂点の個数によっても変わってくるが，頂点の個数が 100 個であるとき密度は 0.06 である。二次元三角格子のクラスタリング係数は $6/{}_6C_2$ によって計算され，0.4 である。このように，二次元三角格子のクラスタリング係数は密度に比べてかなり大きい。したがって，格子は，大きなクラスタリング係数という観点においては，ソーシャル・ネットワークに近い構造をもっているといえる。

### 6.2.4　コミュニティ構造

　次数分布のベキ乗則，小さな平均頂点間距離，大きなクラスタリング係数の 3 つが，ソーシャル・ネットワークがもつと一般的にいわれる 3 つの基本的な数理的特性であるが，もうひとつ，ソーシャル・ネットワークの構造を考えるうえで重要な数理的特性がある。本書ではこの特性を重要なものだと考えている。

　身の回りをみてみると，人びとは家族，友人，学校，勤務先などにおいて，何人かでまとまってグループを形成している。そして，人びとはグループ内で情報を交換しあい，互いに影響を与えあっている。このように，ソーシャル・ネットワークの頂点は何個かがまとまってグループを形成していると考えられる。頂点がグループを形成している構造を，本書ではコミュニティ構造（community structure）とよぶ。これが自然なソーシャル・ネットワークに存在するのはほとんど自明の前提であるが，ソーシャル・ネットワークの数理的な特性としても最近になって注目されてきている。

ネットワークがコミュニティ構造を含んでいることと，ネットワークのクラスタリング係数が大きいこととは，同一ではない。ネットワークがコミュニティ構造を含んでいる場合，クラスタリング係数は大きくなる。そのネットワークには三角形のサブグラフがたくさん含まれるためである。逆に，ネットワークのクラスタリング係数が大きい場合であっても，コミュニティ構造を含んでいるとは限らない。図6-11で示した三角格子には，コミュニティ構造はみられないもののクラスタリング係数が大きい，というのはそのひとつの例である。

　ソーシャル・ネットワークがコミュニティ構造を有することが示されれば，クラスタリング係数が大きいことも同時に示される。したがって，ソーシャル・ネットワークがコミュニティ構造を有することを示しさえすれば，必ずしもクラスタリング係数が大きいことを示す必要はない。それゆえに，クラスタリング係数が大きいことではなく，コミュニティ構造をもつことをソーシャル・ネットワークの本質的な数理的特性としてとらえるべきなのである。次数分布のベキ乗則，小さな平均頂点間距離，そしてコミュニティ構造の3つの数理的特性が，本書が掲げるソーシャル・ネットワークの基本的な数理的特性である。

## 6.3——「スモールワールド」をめぐる研究と発展

　ソーシャル・ネットワークを含む，現実世界に存在するさまざまなネットワークの性質について研究する研究対象を複雑ネットワークとよぶ。複雑ネットワークの研究は，1998年にワッツとストロガッツが「WSモデル」という数理モデルを発表したことが契機となって脚光を浴びるようになったものである。複雑ネットワークの研究の進展に伴って，次数分布のベキ乗則，小さな平均頂点間距離，大きなクラスタリング係数という数理的特性が，現実世界に存在する多くのネットワークに共通する数理的特性であることが確認され，またこうした数理的特性をもつネットワークのモデルがいくつも考案されるようになった。以下でその発展史とともに複数のモデルをみていこう。

### 6.3.1 WS モデル

1998 年，当時博士課程の大学院生だったワッツ（Watts, D.）と，彼の指導教員だったストロガッツ（Strogatz, S.）は，コオロギの鳴き声が同期する現象を研究していた。特定の種類のコオロギは，多数の個体が同期して鳴く習性をもっている。個々の個体がバラバラに鳴くならば，同期現象は起きない。個々の個体が近隣の個体と同期するならば，集団全体が同期することは難しいはずである。コオロギの集団がどのようなネットワークを構成して同期しあっているのか，さまざまなモデルを検討し，コンピュータ・シミュレーションを実施した結果，大部分の個体が近隣の個体と同期し，ごく一部の個体が遠いところにいる個体に同期すれば，集団全体の鳴き声が同期することが確認された（Watts, 2003）。

ワッツとストロガッツは，こうした研究の過程で得た着想を発展させて，現実世界に存在するネットワークを再現するための数理モデルである「WSモデル」を考案した。WS モデルとは後になってワッツとストロガッツの頭文字からつけられた名前であり，「ワッツ＝ストロガッツモデル」または「スモールワールドモデル」ともよばれる。WS モデルでは次の手順でグラフを作成する。

1) 任意の $n$ 個の頂点を円周上に配置する
2) 全ての頂点を，円周上で近くの位置にある $a$ 個の頂点と辺で結ぶ
3) それらの辺を，確率 $p$ でランダムにほかの頂点へと張り替える

図 6-12 に WS モデルの模式図を示す。パラメータ $p$ を 0 とすれば，グラフは 1 次元の格子と同じものとなる。$p$ を 1 とすれば，グラフはランダムグラフと同じものになる。$p$ を 0.1 前後とおくと，格子とランダムグラフをあわせもったような性質のグラフが得られる（Watts & Strogatz, 1998）。

WS モデルでは，ランダムにショートカットが形成される効果によって平均頂点間距離はほぼ $L \propto log(n)$ となり，小さな値が得られる。同時に，格子の構造を残していることで，クラスタリング係数は格子に近い値となる。これらの点は現実のソーシャル・ネットワークの特性と類似している。ただし，WS モデルは次数分布のベキ乗則は満たさない。辺を張り替える前の格

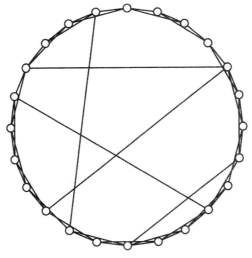

図6-12　WSモデル

子の状態では，全ての頂点の次数は同じ値aであり，WSモデルはそこから
ランダムに辺を張り替えるので，次数分布はaを最頻値として多少ばらつ
くような分布となる。この点では現実のソーシャル・ネットワークの特性と
は異なっている。

　このように，WSモデルには限界もあるものの，現実世界に存在するネッ
トワークに近い数理的特性をもつグラフを，きわめて単純な考え方でモデル
化できることを示してみせ，そのことが多大な関心をよんだ。そして，次数
分布のベキ乗則，小さな平均頂点間距離，大きなクラスタリング係数という
数理的特性が，生物の神経系，たんぱく質の反応関係，自然言語の語彙の係
り結び関係などの，現実世界に存在するさまざまなネットワークに共通する
数理的特性であることが発見されていった。また，これらの数理的特性を兼
ね備えた数学モデルが考案され，発表されるようになった。

## 6.3.2　BAモデル

　1999年，バラバシとアルバートは，次数分布のベキ乗則をもつモデルを
考案した（Barabási & Albert, 1999）。このモデルは後に両者の頭文字から
「BAモデル」（バラバシ＝アルバートモデル）と名づけられた。BAモデル

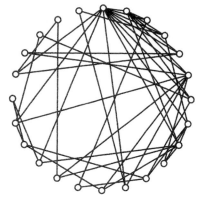

図6-13　BA モデル

では次の手順でグラフを作成する。

1）はじめに完全グラフ $Km$ を置く
2）すでに存在している頂点のなかから $m$ 個の頂点を選びだす。このとき，頂点が選ばれる確率は，その時点での次数に比例するものとする
3）新たな頂点を1個追加する。そして，追加された頂点と，2で選ばれた $m$ 個の頂点とのあいだを辺で結ぶ
4）2に戻り，同じ手順を繰り返す。すなわち，既存の頂点のなかから $m$ 個を選びだし，新たな頂点を1個追加し，この頂点と選ばれた頂点とのあいだを辺で結ぶ。この手順を，頂点の数が所定の数に達するまで繰り返す

　図6-13はBAモデルの模式図である。BAモデルでは，既存の頂点のなかから次数の大きな頂点が選ばれて，それに対してさらに辺が追加され次数が大きくなってゆく。しかし大多数の頂点は次数が小さいままで残される。いわば，広い人脈をもつ人がますます多くの人と知りあいになるような状況を再現しているといえる。

　BAモデルでは，次数分布は $p(k) = 2m(m+1)/[k(k+1)(k+2)] \propto k^{-3}$ となり，$\gamma = -3$ のベキ分布が現れる。また，BAモデルの構造はランダムグラフとも似ているため，平均頂点間距離を調べてみると $L \propto \log(n)$ となり，小さな値となる。これらの点は現実のソーシャル・ネットワークの特性と類似している。しかしBAモデルは，クラスタリング係数は0に近い小さな

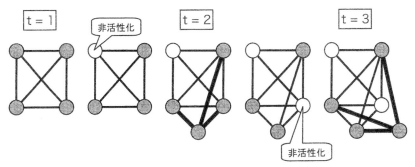

図6-14 KE モデルによるグラフの作成手順

値となる。この点では現実のソーシャル・ネットワークの特性とは異なって
いる。

### 6.3.3 KE モデル（頂点非活性化モデル）

2002年にクレムとエギルスは「KE モデル」を提案した。KE モデルは
「頂点非活性化モデル」ともよばれ，BA モデルに一部変更を加えたもので
ある（Klemm & Eguíluz, 2002）。図6-14を参照しながら，KE モデルによる
グラフの作成手順を説明する。

1) はじめに完全グラフ $Km$ を置く。図6-14では $t=1$ の段階である
2) すでに存在している頂点のうちの1個を「非活性化」する。非活性化された頂
   点は，グラフには残されるが，以後は新たな辺を獲得することはないものとする。
   このとき，頂点が非活性化される確率は，その時点での次数によって決まるもの
   とし，次数の大きな頂点ほど，非活性化されずに残りやすいものとする
3) 新たな頂点を1個追加する。そして，追加された頂点と，非活性化されずに残
   っている既存の $m-1$ 個の頂点とのあいだを辺で結ぶ。図6-14では $t=2$ の段階
   である
4) 2に戻り，同じ手順を繰り返す。すなわち，既存の頂点のうちの1個を「非活
   性化」し，新たな頂点を1個追加し，この頂点と既存の頂点とのあいだを辺で結
   ぶ。この手順を，頂点の数が所定の数に達するまで繰り返す

KE モデルは，次数の大きな頂点に対して新しい辺が高い確率で加わって
ゆき，その頂点の次数がますます大きくなるという BA モデルと同様の性
質を有し，次数分布はベキ分布が得られる。モデルは格子と似たところがあ

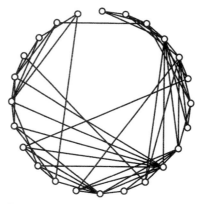

図6-15　KE モデル＋ランダム張り替え

るので，クラスタリング係数も大きな値となる。これらの点は現実のソーシャル・ネットワークの特性と類似している。ただし，平均頂点間距離はほぼ $L \propto n$ となり，格子と似た大きな値となる。この点では現実のソーシャル・ネットワークの特性とは異なっている。

　頂点非活性化モデルに，格子から WS モデルを作成するのと同じ考え方を取り入れて，辺の一部をランダムに張り替える手順を追加してみる。これは，ショートカットの生成によって，モデルにスモールワールド的な特性を付加するということである。この手順により，グラフの平均頂点間距離を小さくすることができる。図6-15 はこのような手順により作成したグラフの模式図である。これで，現実のソーシャル・ネットワークがもつ，次数分布のベキ乗則，小さな平均頂点間距離，大きなクラスタリング係数という数理的特性を同時に兼ね備えたモデルが得られる。

### 6.3.4　階層モデル

　これまで説明してきたネットワークモデルは，作成手順に確率的な手順を含むものであったが，異なる考え方に基づくモデルもある。階層モデルと総称されるモデルは，ネットワーク作成の手順に確率的な手順を含まず，階層的な構造をもつモデルである。階層モデルのなかにも，次数分布のベキ乗則，小さな平均頂点間距離，大きなクラスタリング係数の3つを満たすモデルが

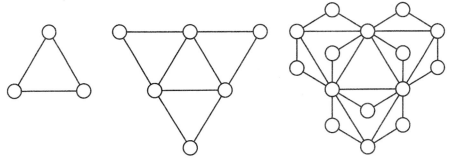

図 6-16　ドロゴフツェフの階層モデル

ある。

　階層モデルのひとつに，2002 年にドロゴフツェフらによって提案された
モデルがある（Dorogovtsev, Goltsev & Mendes, 2002）。図 6-16 にこのモデル
の模式図を示す。グラフを作成する手順は次のとおりである。

　1）最初に，3 つの頂点からなる三角形の完全グラフ K3 を置く
　2）全ての辺に対して，その辺を一辺とする新たな三角形の部分グラフを追加する
　3）2 を繰り返す

　このモデルでは，次数分布は $p(k) \propto k^{-\gamma}$ のベキ乗則に従うことがわかって
いる。$\gamma$ は厳密には $1 + \log 3 / \log 2 = 2.585$ となる。平均頂点間距離も $L \propto$
$\log(n)$ となることがわかっており，小さな値が得られる。クラスタリング
係数は三角形がいくつも含まれていることから大きな値になる。これにより，
次数分布のベキ乗則，小さな平均頂点間距離，大きなクラスタリング係数，
の 3 つが同時に達成できるモデルが得られた。

　以上をまとめて，これまでに述べてきたネットワークモデルを比較する。
ソーシャル・ネットワークには，次数分布のベキ乗則，小さな平均頂点間距
離，大きなクラスタリング係数という数理的特性がある。格子はクラスタリ
ング係数が大きいという点でソーシャル・ネットワークに似ているが，ほか
の点では似ていない。ランダムグラフは平均頂点間距離が小さいという点で
ソーシャル・ネットワークに似ているが，ほかの点では似ていない。格子と
ランダムグラフの双方を取り入れた WS モデルによって，小さな平均頂点
間距離と大きなクラスタリング係数の双方を満たすことができた。これとは

別に，BA モデルによって次数分布のベキ乗則が得られた。BA モデルに変更を加えた KE モデルで，格子と似た特徴をもたせつつ次数分布のベキ乗則を得ることができた。KE モデルに WS モデルの考え方を取り入れることで，次数分布のベキ乗則，小さな平均頂点間距離，大きなクラスタリング係数の3つの数理的特性を同時に満たすモデルが得られた。また，階層モデルにも，3つの数理的特性を同時に満たすモデルがあった。

### 6.3.5 コミュニティ構造のとらえ方

　ここまで，コミュニティ構造に関しては検討してこなかったが，コミュニティ構造も，ソーシャル・ネットワークの構造を考えるうえで重要な数理的特性である。コミュニティ構造に関する分析は，複雑ネットワークの研究においては比較的新しい研究対象である。コミュニティ構造のとらえ方に関しては，大きく分けて2種類の考え方がある。これは，ネットワーク全体からコミュニティを切りだす際に，どのようなかたちで切りだすかについての考え方の違いに基づくものである。図6-17を参照しながら，この2つの考え方を説明しよう。

　コミュニティ構造についての第1の考え方は，図6-17の左側の図に示すように，ネットワーク全体はあたかも地図の地域区分のように，個々のコミュニティに分離することができるという考え方である。この考え方に基づけば，それぞれの頂点は1個のコミュニティにのみ属することになる。ジルバンとニューマンは，この考え方に基づく代表的なコミュニティ抽出アルゴリズムである「GN 法」を考案した（Newman & Girvan, 2004）。このアルゴリズムは，SNS として知られる mixi で，利用者が形成しているネットワークの構造をコミュニティに区分してみせた分析においても採用されている（湯田，2005）。図6-18を参照しながらこのアルゴリズムを説明する。

1) グラフのなかで，任意の2個の頂点の組み合わせの全てに関して，頂点間の最短経路を調べる
2) 全ての辺に関して，この最短経路が通過している数を調べる。この数値のことを媒介性（betweenness）ともいう
3) 最も多く最短経路が通過している辺，すなわち最も媒介性が大きい辺を1個除

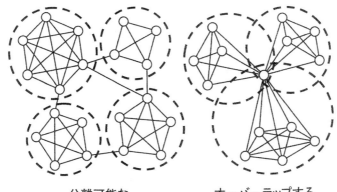

分離可能な
コミュニティ構造

オーバーラップする
コミュニティ構造

図6-17　コミュニティ構造に関する2種類の考え方

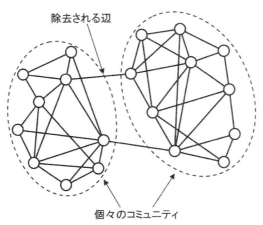

除去される辺

個々のコミュニティ

図6-18　GN法によるコミュニティ抽出

　　去する
4) 1に戻り，辺を除去する作業を所定の回数だけ繰り返す。残った辺をみること
　で，頂点がコミュニティに区分される

　コミュニティ構造についての第2の考え方は，図6-17の右側の図に示さ
れるように，「完全グラフに近い頂点の固まり」をコミュニティと定義する
考え方である。この考え方においては，第1の考え方とは違い，複数のコミ
ュニティ同士が重なり合うことも起こる。これを頂点の側からみれば，1つ

の頂点が複数のコミュニティに属することも起こる。パラは，この第2の考え方に基づいてネットワークの分析を行い，「頂点が属しているコミュニティの数」「コミュニティの大きさ」などの評価指標を考案した（Palla et al., 2005）。

　ソーシャル・ネットワークにおける次数分布に関する研究が多数存在するのとは異なり，コミュニティの大きさの分布がどのような分布になるかについては，いまだ研究事例は少ない。古典的な研究例としては，テキサス州オースチンでのインフォーマルな集団の規模を測定した例がある（Bakeman & Beck, 1974）。この研究は，「1500人が住む大学寮での食事の集まり」「学部学生図書館での勉強の集まり」「生協のコーヒーショップでの集まり」「100店のショッピングモールでのショッピングの集まり」「市民プールでの遊びの集まり」「人気ある2つのソープオペラの登場人物たち」といった，人びとの集まりを観察して，集まりを構成している人の数を数えたものである。こうした集まりの人数の分布はベキ分布に近い分布となっている。近年の研究例では，論文の共著者のネットワーク，語の係り結びの関係のネットワーク，たんぱく質の反応系のネットワークにおいて，コミュニティの大きさの分布がベキ分布に近い分布になっていることが示されている（Palla et al., 2005）。

　本書におけるコミュニティ構造についての考え方は後者の第2の考え方を踏襲している。個々の消費者が，家族，友人，学校，勤務先などの複数の人間関係をもつことは珍しいことではない。言い換えれば，全ての消費者が1個のコミュニティにのみ属するとみなすのは不自然であり，多くの消費者は複数のコミュニティに同時に属しているとみなすのがより自然だからである。このような状態を，ボワセベンは「多重ネットワーク所属」とよんでいる（Boissevain, 1974）。さらに，消費者はそれぞれのコミュニティの内部で情報を交換するとともに，複数のコミュニティのあいだで情報の受け渡しをする架け橋の役割をも担うと考えられる。

## 6.4——ソーシャル・ネットワークをモデル化する

　これまで，WSモデル，BAモデル，KEモデル，階層モデルなどを説明

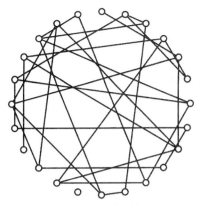

図 6-19　ランダムグラフ

し，次数分布のベキ乗則，小さな平均頂点間距離，大きなクラスタリング係数という3つの数理的特性を兼ね備えたモデルが存在することを示した。

　しかし，これらのモデルはコミュニティ構造を考慮していなかった。そこでこの節では，コミュニティ構造を再現できる手順である「コミュニティサイズモデル」について説明する。このモデルは，本章6.6節において，次数分布とコミュニティの大きさの分布に関する社会学的調査の結果を反映させたモデルを作成するために，本研究で特別に考案されたモデルである。このモデルは，次数分布のベキ乗則，小さな平均頂点間距離，大きなクラスター係数という，従来ソーシャル・ネットワークの基本的な数理的特性とされている3つの数理的特性を満たし，さらに本書がソーシャル・ネットワークの基本的な数理的特性として掲げている，コミュニティ構造をも兼ね備えるものである。

### 6.4.1　ランダムグラフ

　コミュニティサイズモデルに至る考え方は，まずランダムグラフから出発する。図6-19はランダムグラフの模式図である。ランダムグラフとは，所定の数の頂点を配置し，全ての頂点と頂点との組み合わせに関して辺を生成確率 $p$ でランダムに生成させたグラフである。

　従来ソーシャル・ネットワークは，次数分布のベキ乗則，小さな平均頂点

間距離，大きなクラスタリング係数という数理的特性をもつとされている。これと比較すると，既述のとおりランダムグラフでは，平均頂点間距離は，ショートカットが多数存在するため小さな値となり，ソーシャル・ネットワークに近い値となる。しかし次数分布は二項分布となるため，ソーシャル・ネットワークの分布であるベキ分布とは異なる。クラスタリング係数は 0 に近く，ソーシャル・ネットワークとは異なる値となる。

### 6.4.2　辺獲得確率モデル

　ランダムグラフでは，それぞれの頂点が辺を獲得する確率は同一であった。ここで，頂点が辺を獲得する確率に変化をつけてみる。頂点が辺を獲得する確率が全頂点で一律であればランダムグラフとなるが，頂点が辺を獲得する確率を次数分布がベキ乗則になるように与えれば，事後的にベキ分布に近い次数分布が得られるし，同様にしてほかの次数分布を与えることもできる。この手順を「辺獲得確率モデル」とよぼう。

　なお，厳密なベキ分布では，分散が無限大となるので確率密度関数は定義不能であるが，頂点の数が決まっているグラフの場合は次数に上限があるので，確率密度関数を定義することができる。

　この定義を利用して，次数分布がベキ分布となる辺獲得確率モデルを作成できるのである。辺獲得確率モデルでは，次数分布は確率密度関数のベキ分布を所与とすることで，ソーシャル・ネットワークの分布と近いものにすることができる。実際，「人」が各頂点に位置するとすれば，その「友人」を得る確率，つまり辺獲得確率はベキ分布となる。このことは現実の友人数の分布がベキ分布をなしていることに対応する。そしてここでの平均頂点間距離は，ランダムグラフと同様に小さな値となり，ソーシャル・ネットワークに近い値となる。しかしクラスタリング係数は，ランダムグラフと同様に 0 に近く，ソーシャル・ネットワークとは異なる値となる。

　このモデルで採用した「辺獲得確率」と類似した概念として，ビアンコーニとバラバシが適応度（fitness）という概念を導入したモデルを考案している（Bianconi & Barabási, 2001）。ビアンコーニとバラバシは，BA モデルにおいて，頂点に「適応度」という数値を与えて，頂点が辺を獲得する確率に

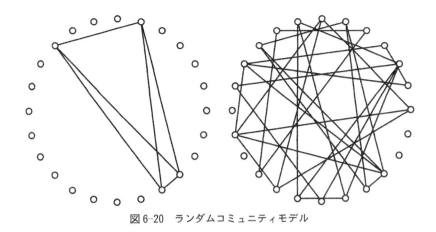

図6-20 ランダムコミュニティモデル

差をつけることで，作成されるグラフを変化させるモデルを考案している。

### 6.4.3 ランダムコミュニティモデル

ランダムグラフでは，グラフで生成されるのは辺であるが，代わりに，コミュニティを生成することを考えてみる。社会のなかにコミュニティ構造が含まれることを念頭に置いてのことである。コミュニティは完全グラフであると仮定する。図6-20を参照して，この手順を説明する。

1) まず所定の数の頂点を配置する
2) そこから一定の確率で頂点を取りだす。図6-20の左側の図では4個の頂点が選ばれている
3) 取りだした頂点を構成要素とする完全グラフをグラフに追加する
4) 1に戻り，手順を繰り返す

この手順で作成された図6-20右のようなグラフを「ランダムコミュニティモデル」とよぼう。ランダムコミュニティモデルでは，次数分布は二項分布となるため，ソーシャル・ネットワークの分布であるベキ分布は満たされない。しかし，平均頂点間距離はランダムグラフと同様に小さい値となり，ソーシャル・ネットワークに近い値となる。また，モデルに三角形が多数含まれることで，クラスタリング係数はソーシャル・ネットワークと同様の大きな値が得られる。また，コミュニティ構造が多数含まれることになる。

なお，ランダムコミュニティモデルでは，辺の数が増えていっても，ほかの頂点とまったく辺で結ばれない，孤立した頂点が高い確率で残されるという特徴がある（コミュニティの追加によってもそこに含まれない頂点があるということで，図6-20右にも存在していることがみてとれよう）。ソーシャル・ネットワークにおいてこのような状態が意味する状況を考えてみると，親しい知人がひとりもいない状況を意味していることになる。なお，社会調査において回答者がもつ知人数を質問すると，知人数0とする回答が数パーセントは存在する。したがって，孤立した頂点が数パーセント程度存在することは，ソーシャル・ネットワークのモデルとしては問題ないとみられる。

　また，ランダムコミュニティモデルでは，個々のコミュニティを完全グラフであると仮定している。これは，コミュニティに属する主体が全てお互いに知人関係であるとする仮定である。現実には，このような仮定は家族のような数人単位の小さなコミュニティでは十分にあてはまるが，職場のような大きなコミュニティでは必ずしもあてはまらないだろう。この仮定に関しては，引き続きコミュニティの内部構造等に関する議論が必要であるが，当面の近似値として，個々のコミュニティは完全グラフであると仮定して先へと進めることにしよう。

### 6.4.4　コミュニティ獲得確率モデル

　ランダムコミュニティモデルでは，コミュニティを構成する頂点として各頂点が選択される確率は同一であった。これに対して，辺獲得確率モデルと同様の考え方を導入して，各頂点に「コミュニティ獲得確率」を与えてみる。コミュニティ獲得確率が全頂点で一律であればランダムコミュニティモデルとなるが，コミュニティ獲得確率を次数分布がベキ乗則になるように与えれば，事後的にベキ分布に近い次数分布が得られるだけでなく，同様にしてほかの次数分布を与えることもできる。すなわちこのモデルは，辺獲得確率モデルとランダムコミュニティモデルの双方の考え方を取り入れたモデルである。この手順を「コミュニティ獲得確率モデル」とよぼう。

　コミュニティ獲得確率モデルでは，次数分布は確率密度関数のベキ分布を所与とすることで，ソーシャル・ネットワークの分布と近いものにすること

ができる。平均頂点間距離はランダムグラフと同様に小さい値となり，ソーシャル・ネットワークに近い値となる。クラスタリング係数は，モデルに三角形が多数含まれることでソーシャル・ネットワークと同様の大きな値が得られる。これで，従来ソーシャル・ネットワークがもつとされている，次数分布のベキ乗則，小さな平均頂点間距離，大きなクラスタリング係数という3つの数理的特性を満たすモデルを得ることができた。

### 6.4.5 コミュニティサイズモデル

ソーシャル・ネットワークでは，コミュニティの大きさ（コミュニティに加わっている頂点の数）の分布もベキ分布に従うことが観察されている（Palla et al., 2007）。しかしコミュニティ獲得確率モデルにおいては，コミュニティの大きさの分布はそのままでは二項分布となり，ベキ分布とはならない。この問題を改善するのが「コミュニティサイズモデル」である。

コミュニティ獲得確率モデルの手順において，追加されていく完全グラフの大きさをランダムに決めるのではなく，ベキ分布の確率分布に従うものとして与える。こうすることで，コミュニティの大きさのベキ乗則をも事後的に実現することができる。この手順が「コミュニティサイズモデル」を構成可能にする。図6-21を参照しつつ，改めてその手順を説明する。

1) 任意の $n$ 個の頂点 $v1, v2, \cdots, vn$ を配置する
2) それぞれの頂点に「コミュニティ獲得確率」$p(v1), p(v2), \cdots, p(vn)$ を与える。コミュニティ獲得確率の合計値は1とする。コミュニティ獲得確率の確率分布関数は，原理的にはどのようなかたちにすることも可能であるが，ここでは次数分布がベキ乗則に従う関数を所与のものとして与える。次数分布のベキ指数がパラメータとして必要になるが，この値は消費者を対象としたアンケート調査などの調査結果に基づいて決めておく
3) $m$ を自然数とし，$1<m<n$ の区間で「コミュニティサイズ確率分布関数」$q(m)$ を定める。コミュニティサイズ確率分布の合計値は1とする。確率分布関数は，原理的にはどのようなかたちにすることも可能であるが，ここではコミュニティの大きさの分布がベキ乗則に従う関数を所与のものとして与える。コミュニティの大きさの平均値とコミュニティの大きさのベキ指数がパラメータとして必要になるが，この値は消費者を対象とした調査などの推定結果に基づいて決め

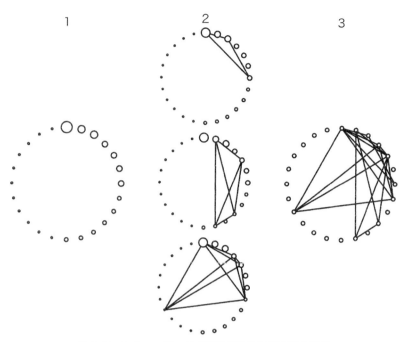

**図6-21　コミュニティサイズモデルの作成手順の図解**

1) 頂点にコミュニティ獲得確率を与える（図ではこの値を円の大きさで表している）。2) コミュニティサイズ確率分布関数に従って完全グラフの大きさを決め，その数だけ頂点を選択し，選択した頂点からなる完全グラフを作成する。3) 2で作成された完全グラフをネットワークに追加する。これを平均次数が所定の水準に達するまで繰り返す。

　ておく

4) コミュニティサイズ確率分布関数に従って完全グラフの大きさを決める。この完全グラフがコミュニティとみなされる

5) 4で決めた完全グラフの大きさの数だけ，頂点をコミュニティ獲得確率に従って選択する

6) 5で選択した頂点からなる完全グラフをネットワークに追加する

7) 4から6を，次数の平均値が所定の水準に達するまで繰り返す。次数の平均値がパラメータとして必要になるが，この値は消費者を対象とした調査などの推定結果に基づいて決めておく

この手順によって，ソーシャル・ネットワークがもつ次数分布のベキ乗則，

表 6-1　ランダムグラフから発展させたモデルの特性の比較

| モデル | 次数分布 | 平均頂点間距離 | クラスタリング係数 | コミュニティサイズ分布 |
|---|---|---|---|---|
| ソーシャル・ネットワーク | ベキ分布 | 小さい | 大きい | ベキ分布 |
| ランダムグラフ | 二項分布 | 小さい | ゼロに近い | |
| 辺獲得確率モデル | 任意の分布（ベキ分布も可能） | 小さい | ゼロに近い | |
| ランダムコミュニティモデル | 二項分布 | 小さい | 大きい | 二項分布 |
| コミュニティ獲得確率モデル | 任意の分布（ベキ分布も可能） | 小さい | 大きい | 二項分布 |
| コミュニティサイズモデル | 任意の分布（ベキ分布も可能） | 小さい | 大きい | 任意の分布（ベキ分布も可能） |

小さな平均頂点間距離，大きなクラスタリング係数という3つの数理的特性を実現することができ，さらに，ひとつの主体が複数のコミュニティに参加するようなコミュニティ構造，コミュニティの大きさの分布のベキ分布といった，ソーシャル・ネットワークがもつ各種の特徴をも反映することができた。

表6-1に，これまでに述べてきた，ランダムグラフから発展させたモデルの特徴を比較する。これまでに述べてきたモデルは全て，平均頂点間距離に関しては同じ性質をもつので記載は同じになっている。

ソーシャル・ネットワークには，次数分布のベキ乗則，小さな平均頂点間距離，大きなクラスタリング係数という数理的特性がある。ランダムグラフは平均頂点間距離が小さいという点でソーシャル・ネットワークに似ているが，ほかの点では似ていない。頂点が辺を獲得する確率に変化をつけた辺獲得確率モデルでは，次数分布のベキ乗則を得ることも可能である。ランダムに完全グラフを追加していくランダムコミュニティモデルでは，大きなクラスタリング係数が得られる。辺獲得確率モデルとランダムコミュニティモデルの双方の考え方を取り入れたコミュニティ獲得確率モデルは，次数分布のベキ乗則，小さな平均頂点間距離，大きなクラスタリング係数の3つを同時に満たすことができる。さらに，追加されていく完全グラフの大きさを変化させるコミュニティサイズモデルによって，ひとつの主体が複数のコミュニティに参加するようなコミュニティ構造，コミュニティの大きさの分布のベ

キ分布といった特徴をも反映することができる。

## 6.5——ソーシャル・ネットワークの特性を調査する

さて，本書の研究方略のなかで強調してきたのは，本章の6.4節までに構成を進めてきたソーシャル・ネットワークのモデルが，数理的特性において現実に近似しているばかりではなく，そのネットワークの大きさやベキ分布の形状についても現実に近似するモデルを作成することであった。それができてこそ，第7章で行う普及のシミュレーションのリアル世界との対応性が担保できることになる。そこで次にその作業を行おう。つまり，現実の消費者が構成しているソーシャル・ネットワークのモデルをこれまで説明してきた「コミュニティサイズモデル」の手順を用いて作成するために，ソーシャル・ネットワークの4つの数理的特性の値をパラメータとして事前に決める作業である。4つの数理的特性とは，次数の平均値，次数分布のベキ指数，コミュニティの大きさの平均値，コミュニティの大きさの分布のベキ指数の4つである。これらの値は，第2部第5章で紹介したスノーボール調査の方法を用いることで調査することができる。

### 6.5.1　次数分布の調査手法

ソーシャル・ネットワークの次数の平均値と次数分布のベキ指数は，たとえば，消費者のなかから統計的に抽出された消費者に対して，調査対象者の知人の数を調べ，その結果を分析することによって得られる。第5章の調査で得られた，携帯電話に記憶されているメールアドレスの数の回答の分布や，パソコンに記憶されているメールアドレスの数の分布は，調査対象となった消費者が構成しているソーシャル・ネットワークのノードの次数のデータであるとみることができるからである。

知人の数を調べるうえで指標となるものとして，調査での設問を単純化するため，携帯電話に登録されている電話番号または電子メールアドレスの数を指標とすることについては第5章まででも紹介したが，ここではやや詳しくその具体的な方法を説明する。

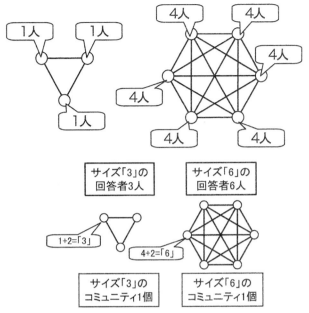

図6-22　調査結果からのコミュニティサイズの導出

調査において採用した設問は次のようなものであった。

　　あなたの携帯電話に，知人や友人の方の電話番号あるいは電子メールアドレス
　　は，何人分登録されていますか。アドレス帳を開いて件数を数えてください。会
　　社や店舗の電話番号や電子メールアドレスは件数から除いてください。


### 6.5.2　コミュニティの大きさの分布の調査手法

　ソーシャル・ネットワークのコミュニティの大きさの平均値とコミュニ
ティの大きさの分布のベキ指数は，消費者のなかから統計的に抽出された消費
者に対して次のように質問することで調査することができる。

　　あなたの携帯電話に登録されている人の中からひとり選んでください。あなた
　　の携帯電話に電話番号あるいは電子メールアドレスが登録されている人のなかに，
　　その人との共通の知人は何人いますか。あなた自身とその人とを除いた数をお答
　　えください

　この質問によって得られる，共通の知人の数の回答者の分布は，そのまま

ではコミュニティの大きさの分布とみることはできない。図6-22を参照してこの理由を説明しよう。仮に，ソーシャル・ネットワークが9人の構成員で構成され，互いに接続していない，大きさ3の1個のコミュニティと，大きさ6の1個のコミュニティとを含むものとする。9人の構成員全員に対して上記の質問を行えば，3人が「1」と答え，6人が「4」と答えるはずである。したがって，コミュニティの大きさの分布を得るには，まず回答に2を足し，次に回答者数をその数自身で割る。図6-22の例でいえば，質問に対して「1」と答えた人が3人，「4」と答えた人が6人であれば，まず回答に2を足して，「3」が3人，「6」が6人とする。次に回答者数をその数自身で割って，大きさ3のコミュニティが1個，大きさ6のコミュニティが1個という調査結果が得られる。

### 6.5.3 調査の実際

　私たちの実際の調査では，3万人を調査対象として設問を送付し，1万9172人から回答を得た（第3回調査）。回答のうち，会員登録してあるプロフィールとアンケートの回答内容が食い違うものなどは信頼性が低いものとして無効回答とした。さらに，予備的な分析をいくつか行い，「携帯電話に電話番号または電子メールアドレスが登録されている人の人数」および「そのうち，あるひとりの人と共通の知人の数」という設問に「10」「20」「30」などの10の倍数を回答したものは，信頼性が低いものが多く含まれると推定して，安全のために無効回答とした。また，「携帯電話に電話番号または電子メールアドレスが登録されている人の人数」の回答が250以上であったもの，および「そのうち，あるひとりの人と共通の知人の数」が50以上であったものについても，やはり信頼性が低いものが多く含まれると推定して無効回答とした。これらの無効回答をふるい落とした後の有効回答数は7913件であった。

　調査結果の概要を図6-23に示す。次数分布とコミュニティの大きさの分布の双方ともベキ乗則に従うかたちであった。次数の平均値は，次数250以下の区間で64.69であった。次数分布のベキ指数は，次数が50から250の区間で−1.86となった。コミュニティの大きさの平均値は，コミュニティ

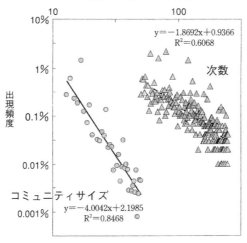

$y=-1.8692x+0.9366$
$R^2=0.6068$

次数

コミュニティサイズ
$y=-4.0042x+2.1985$
$R^2=0.8468$

図6-23　次数分布とコミュニティの大きさ
の分布に関する調査結果
注：スケールはともに対数

の大きさ50以下で4.99となった。コミュニティの大きさの分布のベキ指数は，コミュニティの大きさが10から50の区間で-4.00となった。

## 6.6———調査結果からソーシャル・ネットワークを再現する

　前節の調査結果に基づいて，6.4節で述べたコミュニティサイズモデル作成手順を用いてネットワークモデルを作成した。ネットワークモデルの頂点の数は，実際の消費者の数と同じとしてもよいし，実際の消費者の数よりも少なくしてもよいが，この研究の目的である消費者行動シミュレーションにおいては，ネットワークモデルの頂点の数が少ないと，とくに次数の大きい一部の頂点のふるまいによってシミュレーション結果が左右されてしまうという影響が生じる。頂点の数が多くなると，シミュレーション結果の安定性は向上するが，結果の算出までに要する計算時間は増大する。そこで，頂点の数は1万個程度あれば，とくに次数の大きい一部の頂点のふるまいの影響

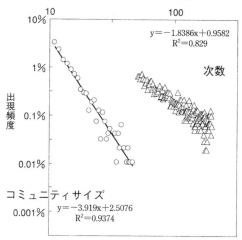

次数・コミュニティの大きさ

図 6-24　モデルにより再現された次数分布
とコミュニティの大きさの分布
注：スケールはともに対数

　が相対的に小さくなることで，シミュレーションのためには十分な精度が得
られると想定し，ここでは頂点の数を 1 万個とした。つまり 1 万人のネット
ワークの形状を推定するのである。
　図 6-24 はある試行で作成されたネットワークでの次数分布とコミュニテ
ィの大きさの分布を示している。なお，ネットワークモデルの作成手順に確
率的なステップが含まれているため，作成されたネットワークモデルの次数
分布とコミュニティの大きさの分布は，試行のたびに若干異なる値となる。
この試行では，次数の平均値を 60.0，コミュニティの大きさの平均値を
5.0 とした。次数分布のベキ指数は，次数が 50 から 250 の区間で−1.84 と
なった。コミュニティの大きさの分布のベキ指数は，コミュニティの大きさ
が 10 から 50 の区間で−3.92 となった。これらは調査で得られた数値によ
く近く，またソーシャル・ネットワークの特性である次数とコミュニティの
それぞれのベキ分布性を確認できるものとなっている。つまり現実に存在す
るソーシャル・ネットワークをよく再現していると考えられる。

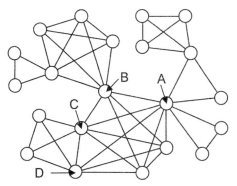

図6-25　ネットワークモデルの一部分
を取りだした模式図

　図6-25に，コミュニティサイズモデルによって作成されるネットワーク
モデルの一部分を取りだした模式図を示す。モデルのこの部分は，大きさ3
のコミュニティ3個，大きさ4のコミュニティ2個，大きさ5のコミュニテ
ィ1個，大きさ6のコミュニティ1個からなっている。頂点のなかには複数
のコミュニティに属しているものもあり，たとえば頂点Aは3個，頂点B
は2個のコミュニティに属している。これらの頂点は複数のコミュニティの
あいだで情報を媒介している。頂点Cと頂点Dは，大きさ6のコミュニテ
ィにともに属しており，大きさ4の別のコミュニティにもともに属している。
この組み合わせのように，モデルでは複数の頂点がともに複数のコミュニテ
ィに属する事例も起こりうる。このことは6.3節で指摘したように，多重
ネットワーク所属が現実社会のなかでは一般的なこととうまく対応している。
頂点Cと頂点Dとの関係は，現実の社会では夫婦のような関係にたとえる
ことができるだろう。

# 第7章
## 消費者行動を予測する
## 普及シミュレーション

　新しい製品や新しいサービスを企画し，市場へ供給する企業は，販売促進のためのマーケティング戦略を並行して立案する必要がある。これまで，販売促進戦略としては，テレビ CM をはじめとする確立された広告手法が利用されてきた。また，戦略の有効性を評価するための手法としても，視聴率調査のような確立された手法が存在してきた。しかしインターネットの普及以降，従来からの広告手法やその評価手法は次第に通用しなくなっている。この問題の解決は本書を通じて流れる通奏低音でもある。

　消費者は，製品・サービスの供給者からの一方向のコミュニケーションから影響を受けるが，加えて，製品・サービスに関する他の消費者の意見からも影響を受けて，消費行動を行っている。いわゆるクチコミである。クチコミに効果があることは，古くは 1955 年に出版されたラザスフェルドらの『パーソナルインフルエンス』（Katz & Lazarsfeld, 1955）でも広く知られていたことではある。しかし従来，このようなクチコミによる影響は，消費者の日常的な生活圏の範囲内で伝達されていたため，おのずと地理的な限界が存在していた。それが現代では，インターネットがコミュニケーションの垣根を格段に低くしたことで，地理的に遠く離れた人びととも容易に知人・友人関係を構築し，消費者が自分の意見を広められるようになった。このため，クチコミの伝達速度や伝達範囲は拡大しており，マーケティング戦略の立案にあたっても，この種のクチコミの効果を考慮することがますます重要になっている。

　クチコミの情報は，消費者が構成するソーシャル・ネットワークを介して社会全体へと伝播してゆく。このソーシャル・ネットワークがあまりに巨大で，構造が複雑であるため，これまでは，この種のクチコミの効果を定量的

に予測しようとする研究は限られていた（石井・吉田, 2005; Rust & Chung, 2006）。しかし第6章でみてきたように，複雑ネットワークの研究の進展はソーシャル・ネットワークを数学モデルとして捉えることを可能とした。

　以下では，このソーシャル・ネットワークモデルを活用して，クチコミの効果を定量的に予測する手法を検討する。それに際して，個々の消費者の行動および社会全体の動向を再現するための数学的なモデルを構築し，そのモデルを用いたコンピュータシミュレーションを実施する。

## 7.1── マルチエージェント・シミュレーション

### 7.1.1　マルチエージェント・シミュレーションとは

　本書で説明する消費者行動モデルでは，個々の消費者を「エージェント」に置き換えてモデル化する。エージェントとは，コンピュータシミュレーションの分野で用いられる概念であり，自分のおかれた状況に応じて一定のルールに基づいて自律的に行動する独立した主体を想定するものである。ここでは第II部で論じた4タイプの消費者類型がそれぞれエージェントとなる。したがって以下の消費者行動モデルでは，システムのなかに複数の類型の，それぞれの特徴をもった多数のエージェントが存在する「マルチエージェント・システム」を想定する。マルチエージェント・システムでは，あるエージェントが何らかの行動を行うことで，他のエージェントがおかれている状況が変化し，そのエージェントの状態や行動も変化する。こうしてエージェント同士が相互に作用することによって，システム全体のふるまいが変化してゆく。ここでのシステムは第6章で検討してきたソーシャル・ネットワークが想定される。

　「マルチエージェント・シミュレーション」は，マルチエージェント・システムのなかで，エージェント同士が相互に作用することによって，システム全体のふるまいが変化してゆく様子をコンピュータで再現するものである。マルチエージェント・シミュレーションは，さまざまな個性をもった多数の主体から構成される人間社会のようなものをモデル化し，そのふるまいを再現しようとする試みにおいて用いられることが多い。その有名な例がアクセ

ルロッドの研究である。アクセルロッドは，国際紛争はなぜ起こるのか，人びとの行動規範はどのように形成されるのかといった問題の解明に，マルチエージェント・シミュレーションの考え方を適用している（Axelrod, 1997b）。日本でも，たとえば金融市場の参加者の行動パターンをモデル化し，マルチエージェント・シミュレーションを行うことで，金融市場のふるまいを予測しようという研究が行われているが（和泉，2003），本書で行うマルチエージェント・シミュレーションは商品の普及過程の予測である。

マルチエージェント・シミュレーションを実施するためのソフトウェアとしてはさまざまなものが公表されている。代表的なものには，シカゴ大学で開発されたオープンソースのシミュレーションツール開発キットである「Repast」（North et al., 2006）がある。本書でもこの Repast を利用してシミュレーションツールを開発している。

### 7.1.2 マルチエージェント・シミュレーションの事例「ライフゲーム」

マルチエージェント・シミュレーションのなかでももっとも単純な例のひとつが，コンウェイ（Conway, J.）が考案した「ライフゲーム」である（Poundstone, 1984）。ライフゲームでは，碁盤の目のような二次元格子を仮定し，それぞれの格子をセルとよぶ。各セルは縦横斜めの8個のセルと隣接している。各セルは「生」と「死」の2つの状態をとりうるものとし，あるステップにおいて特定の状況が生じたら，次のステップにおいてそのセルは生から死，あるいは死から生へと変化する。セルの生死は次のルールに従うものとし，ステップを繰り返す。

1) 死から生（誕生）：あるステップにおいて，死んでいるセルに隣接する8個のセルのうち3個のセルが「生」であれば，次のステップにそのセルは「生」となる
2) 生から生（維持）：あるステップにおいて，生きているセルに隣接する8個のセルのうち，2個もしくは3個のセルが「生」であれば，次のステップでもそのセルは「生」を維持する
3) 生から死，もしくは死から死（死亡）：これら以外の条件の場合，セルの生死にかかわらず，次のステップにセルは「死」となる

図7-1 はライフゲームで採用される生死のルールを示した図である。黒い

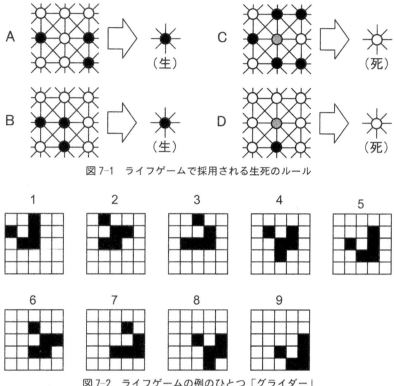

図7-1　ライフゲームで採用される生死のルール

図7-2　ライフゲームの例のひとつ「グライダー」

丸は「生」のセル，白い丸は「死」のセルを意味している。Aのケースでは，中心のセルは，あるステップでの「死」から，次のステップで「生」となる。Bのケースでは，中心のセルは「生」を維持する。CおよびDのケースでは，セルはあるステップでの生死にかかわらず，次のステップでは「死」となる。このように，セルは過疎状態でも過密状態でも死んでしまい，中間の状態でのみ生き残る。これは細菌のような生物の繁殖の様子と似ているとみることもできる。

　ライフゲームでは，セルのパターンが一定の周期で元のパターンに戻るケース，セルのパターンが変動を繰り返しながら全体として移動していくケース，「生」のセルが無限に増殖していくケースなど，まるで生物のような複雑なふるまいを示す。図7-2は「グライダー」とよばれる例である。1の初

期状態におかれたセルのパターンが，個々のセルの生死を繰り返しながら，パターン全体としては左上から右下方向へと移動していく様子をみることができる。

## 7.2——消費者の購買行動を予測する

### 7.2.1　4種類の消費者類型

本書の消費者行動モデルでは，エージェントは4種類存在するものとし，それぞれのエージェントは6種類のフェーズをとりうるものとする。

まず，第4章，第5章でみてきた分類に従って，本書のエージェントを4種類の消費者類型に分類する。消費者のなかには，さまざまな種類の製品やサービスに関心をもつ人もいれば，特定の種類の製品やサービスにのみ関心をもつ人もいる。また，製品やサービスに関していろいろなことを詳しく調べようとする人もいれば，そのようなことにはそれほど関心をもたない人もいる。こうした消費者の特性を，消費者がもつマーケットメイブン特性とオピニオンリーダー特性の2軸に基づいて表現する。マーケットメイブン特性とは，消費者がさまざまな種類の製品やサービスに関する情報を収集し，その情報を広い範囲の知人や友人へ広めようという意欲の強さを意味している。オピニオンリーダー特性とは，消費者が製品やサービスに関する深い情報を収集し，その情報を知人や友人へ詳細に伝えようという意欲の強さを意味している。消費者は，マーケットメイブン得点とオピニオンリーダー得点とに基づいて「リーディングコンシューマー（LC）」「マーケットメイブン（MM）」「オピニオンリーダー（OL）」「フォロアー（FL）」の4種類の消費者類型に分類される（第3章参照）。

### 7.2.2　6種類の消費者フェーズ

消費者の意思決定を表したモデルとしては，第3章でみてきたように，これまでにAIDMA（注意，興味，欲求，記憶，行動）やAISAS（注意，興味，検索，行動，共有）等のモデルが提案され，広く知られている。しかしながら，これらのモデルでは，消費者の「状態」を表す言葉と，「行動」を

表す言葉とが混在しており，そのままでは数理的なモデルに移し替えること
は困難である。

　具体的には，これらのモデルでの「注意」「欲求」などの言葉は，消費者
の「状態」を表しており，消費者が一定期間このような状態にとどまること
を意味している。これらの言葉は，マルチエージェント・シミュレーション
上では，エージェントの内部状態を表す変数（たとえば a）が，それぞれの
状態を表す値をとることで表現される。一方，「興味」「行動」などの言葉は，
消費者が次の状態に移るための「行動」を表しており，消費者がある瞬間に
これらの行動を行うことを意味している。これらの言葉は，マルチエージェ
ント・シミュレーション上では，エージェントの内部状態を表す変数（たと
えば a）が，ある状態を表す値（たとえば a＝1）から，他の状態を表す値
（たとえば a＝2）へと，値が変化することで表現される。したがって，消費
者行動を数理モデル化するためには，従来のモデルにおいて「状態」と「行
動」とが混在している点を修正し，「状態」と「行動」とを峻別しなければ
ならない。そこで，本書の消費者行動モデルでは，エージェントはある時刻
においていずれか1種類の「状態」をとりうるものとし，一定の条件が発生
したときに「状態の遷移」が発生するものとしている。第4章4.3節での
先行モデルの検討や第5章5.3節での消費者行動の調査データの紹介にお
いて，これに関連する事項を示してきたが，ここで改めてマルチエージェン
ト・シミュレーションにおけるエージェントのふるまいのモデルとして，消
費者フェーズとその遷移について明示的にモデル化しておこう。

　消費者のなかには，製品やサービスを見たことも聞いたこともない消費者
もいれば，すでに製品やサービスを利用している消費者もいる。本書の消費
者行動モデルでは，こうした消費者の製品やサービスに関する認知や利用の
程度に基づいて，消費者を「未認知」「認知」「関心」「利用」「放棄」の5段
階のフェーズに分類する。さらに，関心フェーズ，利用フェーズ，放棄フェ
ーズでは，製品・サービスに対して消費者がもつイメージがより具体的にな
っていることを反映して，「好意的関心」と「否定的関心」，「好意的利用」
と「否定的利用」，「好意的放棄」と「否定的放棄」に分岐させる。フェーズ
遷移にこのような分岐をもたせることで，現実の消費者の行動をより正確に

反映させることができる。

　それぞれのフェーズについてより詳しく説明すると次のようになる。未認知フェーズでは，消費者は製品・サービスについてまだ何も知らない状態にある。認知フェーズでは，消費者は製品・サービスの名前程度は知っているものの，まだ曖昧なイメージにとどまっている状態にある。関心フェーズでは，消費者は製品・サービスに関してより具体的な知識をもち，使いたい，あるいは使いたくないという評価をもっている状態にある。利用フェーズでは，消費者は商品を所有したりサービスに加入したりして，その製品・サービスを現に利用している状態にある。放棄フェーズでは，消費者は製品・サービスを過去にいったんは使用していたものの，その使用をやめてしまった状態にある。

　消費者行動のモデル化の検討対象となる製品・サービスが，普及が始まってまだ間もなく，放棄フェーズにまで至っている消費者が少ない場合は，単純化のために放棄フェーズは省略してもよい。以下の議論では，検討対象となる製品・サービスの特性を考慮して，放棄フェーズについては省略している。放棄フェーズを除くと，エージェントのとりうるフェーズは，「未認知」「認知」「好意的関心」「否定的関心」「好意的利用」「否定的利用」の6種類となる。

　あるフェーズから他のフェーズへの遷移は，本書の消費者行動モデルでは未認知→認知，認知→好意的関心，認知→否定的関心，好意的関心→否定的関心，否定的関心→好意的関心，好意的関心→好意的利用，好意的利用→否定的利用，否定的利用→好意的利用の8種類のうちいずれかのみが起こりうるものとする。6段階のフェーズと8種類のフェーズ遷移の全体像は図7-3で表される。また，本書の消費者行動モデルでは，未認知フェーズから認知フェーズへの遷移を総称して「知覚イベント」，認知フェーズから関心フェーズへの遷移を総称して「欲求イベント」，関心フェーズから利用フェーズへの遷移を総称して「行動イベント」とよんでいる。

　論理的にいって，未認知状態から認知状態，認知状態から関心状態，関心状態から利用状態という移行は不可逆であり，また否定的関心から利用に至る可能性は現実的に存在しないと考えることができる。同様に，好意的関心

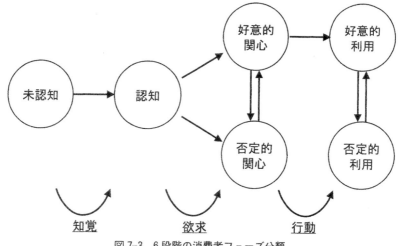

図 7-3　6 段階の消費者フェーズ分類

から否定的利用へ一足飛びに移行する可能性も現実的ではないだろう。ただし，コミュニケーションを通じて，好意的関心を抱いている状態と否定的関心を抱いている状態とを行き交ったり，所有していても好意的利用から否定的利用に移る，あるいその逆になる，ということは十分に考えられるだろう。

　エージェントのフェーズ遷移は，図 7-4 に示すような 2 種類の要因を契機として発生するものとしている。第 1 の要因は，消費者エージェントがマスメディアなどの外部の情報源から情報を受信することである。情報の受信は外生的に決められた確率に基づいて発生する。また，消費者類型によってマスメディアの情報に敏感なタイプとそうでないタイプとがあるため，情報を受信する確率は消費者類型によっても変化する。この情報受信確率は私たちの調査結果をもとにして設定する。

　第 2 の要因は，エージェントがソーシャル・ネットワークを介して他のエージェントから情報を受信することである。モデルでは，後述する通り，エージェントはソーシャル・ネットワークを介して相互に隣接しているとみなされる。消費者が製品・サービスに関して友人や知人と会話するという行動は，エージェントがネットワークのつながりを通じて他のエージェントへ情報を発信したか，あるいは他のエージェントから情報を受信したというイベ

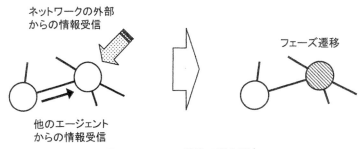

ネットワークの外部
からの情報受信

フェーズ遷移

他のエージェント
からの情報受信

図7-4　フェーズ遷移の発生理由

ントとしてモデル化される。情報の発信は，発信者が関心フェーズか利用フェーズにあるときに発生し，より後のフェーズになるほど情報発信の頻度は多くなる。発信される情報は肯定的なものにも否定的なものにもなりうる。この情報発信の確率は同様に私たちの調査結果をもとにして設定する。

　また，発信者側が発信した全ての情報が受信者側によって認識されるわけではない。発信者側が発信した情報を受信者側が受信する確率は，後述するようにスノーボール調査（第5章）によって求められる。このように本書では自律したエージェントのふるまいを実際の消費者の行動から推定したデータに基づいて設定するところに大きな特徴がある。シミュレーション時のエージェントのふるまいのリアリティを確保するのがその大きな目的である。

### 7.2.3　ネットワーク構造

　本書で説明する消費者行動モデルでは，エージェントはネットワークを構成しているものとする。社会において消費者はソーシャル・ネットワークのなかでコミュニケーションを行って情報を交換しあい，相互に相手の行動に影響を与えている。ソーシャル・ネットワークは，個々の消費者を頂点，つながりの関係を辺とみなすことで，グラフ理論上のグラフとして表現される。

　ソーシャル・ネットワークの構造は，第6章でみてきたような複雑ネットワークのモデルを用いてモデル化される。本書で説明する消費者行動モデルでは，第6章6.4節で再現した「コミュニティサイズモデル」を採用する。頂点の数はそこで説明したように，数を増やすことによって生じる計算時間の増大という問題と，数を減らすことによって生じる計算精度の悪化という

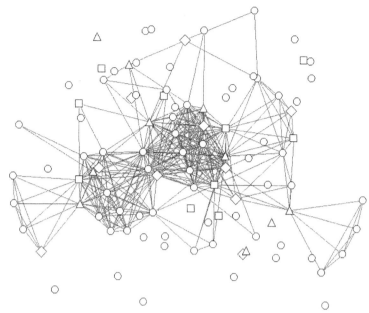

**図 7-5　消費者行動モデルで採用されるネットワークモデルの例**

問題とのバランスを考えて，1 万個とする。すなわち，1 万個のエージェン
トを想定し，エージェントを頂点とみなして，コミュニティサイズモデルで
表現されるネットワークを構成しているものとする。

　図 7-5 は本書で説明する消費者行動モデルで採用されるネットワークモデ
ルの例を示した図である。ここでは簡略化のために頂点数を 100 個としてネ
ットワークを描いているが，ネットワークを作成する手順は同一である。
個々の頂点は消費者を表している。頂点の形状は 4 種類の消費者類型を表し
ており，四角形はリーディングコンシューマー（LC），三角形はオピニオン
リーダー（OL），ひし形はマーケットメイブン（MM），円形はフォロアー
（FL）に相当する。辺は消費者間の関係を表している。図の中心部には比較
的大きなサイズのコミュニティの存在がみられる。周辺部にはいずれのコミ
ュニティにも参加していない消費者もみられる。

表 7–1　消費者類型分類

| 消費者類型 | 比率 |
|---|---|
| リーディングコンシューマー（LC） | 7.3% |
| オピニオンリーダー（OL） | 13.0% |
| マーケットメイブン（MM） | 12.6% |
| フォロアー（FL） | 67.2% |

表 7–2　消費者フェーズ分類

| 消費者フェーズ | 比率 |
|---|---|
| 未認知フェーズ | 12.4% |
| 認知フェーズ | 26.4% |
| 好意的関心フェーズ | 7.6% |
| 否定的関心フェーズ | 27.9% |
| 好意的利用フェーズ | 17.3% |
| 否定的利用フェーズ | 5.1% |
| 好意的放棄フェーズ | 1.1% |
| 否定的放棄フェーズ | 2.2% |

### 7.2.4　調査結果からのモデル構築

　消費者行動モデルを構築するための調査は第2章で述べた方法で実施している。IT分野で市場に提供されているいくつかの製品・サービスに関して調査を実施しているが，ここでは mixi の事例を説明する。mixi は 2004 年 3 月 3 日に開始されたサービスで，今日では日本で最大の SNS に成長している。私たちの mixi に関する調査は 2007 年 12 月に実施した第 3 回調査によるものである。調査結果に基づいて，それぞれの回答者を 4 種類の消費者類型と 6 種類の消費者フェーズに分類した。

　表 7–1 は無作為抽出した回答者を消費者類型で分類した結果である。この研究ではオピニオンリーダー得点とマーケットメイブン得点の「高い」と「低い」の境界値は上位 20% においた。このとき，リーディングコンシューマー（LC），オピニオンリーダー（OL），マーケットメイブン（MM），フォロアー（FL）に分類された消費者の比率はそれぞれ 7.3%，13.0%，12.6%，67.2% であった。この分類に基づいて，消費者行動モデルにおいてもエージェントの消費者類型分類を設定する。

　表 7–2 は無作為抽出した回答者を消費者フェーズで分類した結果である。

調査時点において，mixi について 12.4% の回答者が名前すら認知しておらず，26.4% が名前程度は認知していた。35.5% は明確な関心をもっており，このうち利用したいという好意的な関心をもっていた比率は 7.6%，利用したくないという否定的な関心をもっていた比率は 27.9% であった。調査時点で利用していた回答者は 22.4% 存在し，このうち好意的な印象をもちながら利用していた比率は 17.3%，否定的な印象をもちながら利用していた比率は 5.1% であった。すでに利用をやめていた回答者は 3.3% 存在し，このうち利用をやめてもなお好意的な印象をもっていた比率は 1.1%，否定的な印象をもっていた比率は 2.2% であった。

この調査結果から，mixi に関する消費者行動モデルにおいては，調査時点を基準とすると，12.4% のエージェントが未認知フェーズ，26.4% のエージェントが認知フェーズ，7.6% のエージェントが好意的関心フェーズ，27.9% のエージェントが否定的関心フェーズ，17.3% のエージェントが好意的利用フェーズ，5.1% のエージェントが否定的利用フェーズ，1.1% のエージェントが好意的放棄フェーズ，2.2% のエージェントが否定的放棄フェーズに分類されることになる。

図 7-6 は，時間の経過に伴って，消費者フェーズの構成比率がどのように推移してきたかを調査した結果である。この図は，調査の回答者に対して，「あなたは，いつ mixi について知りましたか」「あなたは，いつ mixi について使いたい・使いたくないとはっきり思いましたか」「あなたは，いつ mixi を使いはじめましたか」という質問を行い，その回答をもとに描いたものである。mixi について知った時期や使いはじめた時期は，調査時点での回答者の記憶に頼った回答であるので，必ずしも正確なものではない。

図において，「認知比率」は，消費者全体のなかでの，認知以上の比率（認知フェーズ，関心フェーズ，利用フェーズ，放棄フェーズの消費者の合計），「関心比率」は，関心以上の比率（関心フェーズ，利用フェーズ，放棄フェーズの消費者の合計），「利用比率」は，利用以上の比率（利用フェーズ，放棄フェーズの消費者の合計）を表している。認知比率は，2005 年 1 月には 14% だったものが，2006 年 1 月には 40%，2007 年 1 月には 70% に増加した。利用比率は，2005 年 1 月の 4% から，2006 年 1 月には 13%，2007 年

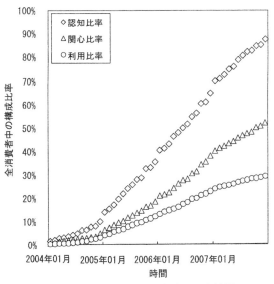

図7-6　消費者フェーズの遷移の調査結果

1月には24％に増加した。

　図7-7は，利用比率の推移を，消費者類型別にみた調査結果である。図から，リーディングコンシューマーとオピニオンリーダーの利用比率は，立ち上がるのがもっとも早い。彼らがmixiをいち早く使いはじめ，新サービスの普及を先導したことが見て取れる。マーケットメイブンの利用比率は早期の段階では低いが，2006年の中ごろに急上昇している。彼らが，早期の段階では新サービスを進んで利用することはないが，普及率が上がってくると，言い換えればmixiが「流行」のような状態になると，これに飛びついている状況が示唆される。フォロアーの利用比率はもっとも遅れて上昇しており，もっとも遅くmixiを使用しはじめていることがわかる。

　発信者が発信した全ての情報が受信者によって認識されるわけではない。情報の発信者が製品・サービスについて説明したと思っていても，受信者はその説明が何のことか理解できなかったり，他のものと誤解したりしてしまう可能性もある。たとえば携帯電話の多様な機能を説明するときに，いままでその使い方に慣れていない年配の人はとまどう，などのことが頻繁に生じ

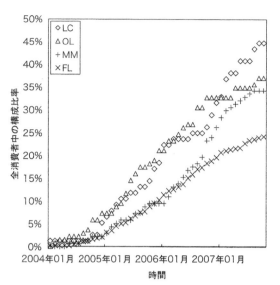

図7-7 利用比率の消費者類型による違い

ている。場合によっては携帯電話のことが話題に上ったことを覚えていない，などのことも発生するだろう。

この点は，発信者が発信した情報を受信者が認識する確率で検討できる。そしてそれはスノーボール調査によって推定可能である。たとえば，スノーボール他者には「あなたは過去1か月間に何回，主回答者に対して，製品・サービスについて話をしましたか」と質問し，主回答者には「あなたは過去1か月間に何回，スノーボール他者から，製品・サービスについて話を聞きましたか」と質問する。両者の回答を比較することで，スノーボール他者が発信した製品・サービスに関する情報を主回答者が認識する確率を算出することができる。

表7-3は，この方法を用いて，スノーボール他者が発信したmixiに関する情報を主回答者が認識した確率を算出したものである。主回答者が認知フェーズだったとき，スノーボール他者が発信したmixiに関する情報を主回答者が認識した確率は31.3％であった。主回答者が関心フェーズだったときは46.9％，利用フェーズだったときでも54.7％であった。言い換えれば，クチコミ情報を発信する側が10回情報を発信したとしても，情報を受信す

表 7-3　mixi に関する情報を認識した確率

| 主回答者のフェーズ | 認識する確率 |
|---|---|
| 認知フェーズ | 31.3% |
| 関心フェーズ | 46.9% |
| 利用フェーズ | 54.7% |

る側がその情報を理解したのは，受信側が認知フェーズの場合は3回程度，関心フェーズおよび利用フェーズの場合でも5回程度だったということである。

## 7.3——マルチエージェント・シミュレーションで予測する

　以上の調査結果に基づいて，消費者行動モデルでのエージェントの消費者類型を設定し，このエージェントをネットワークモデル上に配置して，シミュレーションを行った。シミュレーション上の1回の計算周期は実社会での1か月に相当するものとした。

　シミュレーションの途中経過の例を図 7-8 と図 7-9 に図示しよう。図 7-8 は「コミュニティサイズモデル」を用いてシミュレーションを行った結果である。開始時点から48ステップ，すなわち4年後に，認知比率，関心比率，利用比率はそれぞれ85%，61%，27% となった。これらの数値は調査結果に近いものであった。

　図 7-9 は，図 7-8 とエージェントのモデルは同一で，ネットワークモデルだけを変更した場合のシミュレーション結果である。ネットワークモデルは「BA（バラバシ＝アルバート）モデル」を採用しており，頂点および辺の数は同じだが，ネットワーク構造が異なっている。「コミュニティサイズモデル」はコミュニティ構造を有しているが，BA モデルにはこの構造はない。図 7-9 では，48ステップ後の認知比率，関心比率，利用比率はそれぞれ82%，56%，20% となった。これらの値は調査結果および図 7-8 のシミュレーション結果と比較すると低い値である。こうした数値の違いは，コミュニティ構造がコミュニケーションの効果を増幅した結果であると考えられる。これらのシミュレーション結果は，本研究のモデリングの枠組みを，BA モ

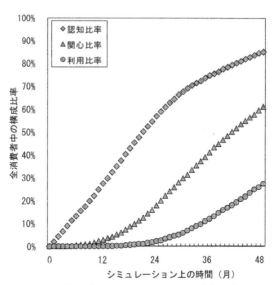

図7-8　本書の社会ネットワークモデルを用いたシミ
ュレーション結果

デルを採用した場合よりも支持するものであると言える。

　図7-10，図7-11，図7-12は，シミュレーションの初期の状態，中期の状態，後期の状態を，図7-5で示した頂点数を100個としたネットワークモデルにおいて示したものである。個々の頂点は消費者を表しており，頂点の色は消費者のフェーズを表している。白は未認知フェーズ，薄い灰色は認知フェーズ，濃い灰色は関心フェーズ，黒は利用フェーズである。同じコミュニティに属している消費者では同じようなタイミングでフェーズの遷移が生じており，普及が進んでいるコミュニティや遅れているコミュニティが存在することがわかる。

　以上で説明したのはモデルの基本的な枠組みである。この枠組みを拡張して，目的に応じたさまざまなモデルを構築することができる。以下にその一例を示す。以下に示すモデルは，広告会社等の製品・サービスに関する情報を発信する発信者が，広告媒体別の情報の発信量をどの広告媒体にどの程度配分すべきかを検討するためのモデルである。

　従来，広告会社等において，広告媒体を介して発信される情報発信量の広

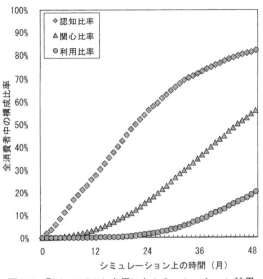

図7-9 「BAモデル」を用いたシミュレーション結果

告媒体別の配分は，経験則に基づいて決定されることが多かった。とくにクチコミを介して製品・サービスに関する情報が伝達される効果の考慮は，定性的な分析に基づくものであることが多かった。これに対し本モデルでは，テレビ，新聞，インターネット等の広告媒体から，個々の消費者に対して広告の内容が伝わり，製品・サービスに関する情報が周知される効果と，クチコミを介して広告の内容が伝わり，製品・サービスに関する情報が周知される効果の，両方を合算して，広告効果を定量的に評価することができる。

　このモデルは，製品・サービスに関する情報を発信する発信者が，宣伝等のために広告媒体を選択する際に，広告媒体別の情報発信量をどのように配分すれば高い広告効果が得られるかを，データに基づいて決定できるようにするものである。これにより，どのように広告予算を配分すれば限られた予算のなかで効果的な広告活動を行うことができるかといった，広告戦略の立案に活用することができ，製品やサービスのマーケティング戦略立案や宣伝広告戦略立案，さらに企画・営業等に用いる情報の作成用途に適用することができるだろう。

　3つの例を示そう。シミュレーションで設定する，広告媒体情報発信量配

図 7-10　シミュレーションの初期の状態

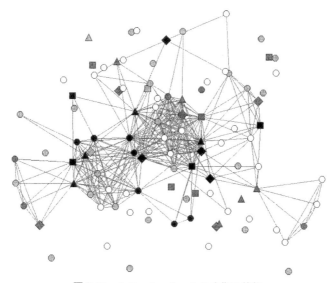

図 7-11　シミュレーションの中期の状態

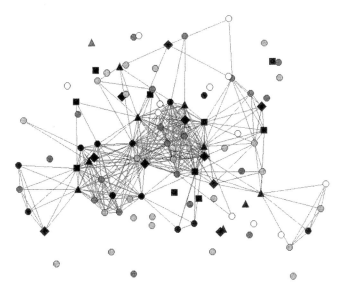

図7-12　シミュレーションの後期の状態

表7-4　シミュレーションのシナリオ

| 広告媒体情報発信量配分 シナリオ1 | テレビ広告 | 1.0 |
| --- | --- | --- |
| | 新聞広告 | 1.0 |
| | インターネット広告 | 1.0 |
| 広告媒体情報発信量配分 シナリオ2 | テレビ広告 | 0.5 |
| | 新聞広告 | 0.5 |
| | インターネット広告 | 2.0 |
| 広告媒体情報発信量配分 シナリオ3 | テレビ広告 | 0.0 |
| | 新聞広告 | 0.0 |
| | インターネット広告 | 3.0 |

分のシナリオを表7-4に示す。シナリオ1は，テレビ広告への配分比率を
1.0，新聞広告への配分比率を1.0，インターネット広告への配分比率を
1.0とするもので，これは広告媒体情報発信量配分の現状を示すものである。
シナリオ2は，テレビ広告と新聞広告への広告媒体情報発信量配分を現状
（シナリオ1）の半分とし，インターネット広告への広告媒体情報発信量配
分を2倍としたものである。シナリオ3は，テレビ広告と新聞広告への広告
媒体情報発信量配分をゼロとし，インターネット広告への広告媒体情報発信

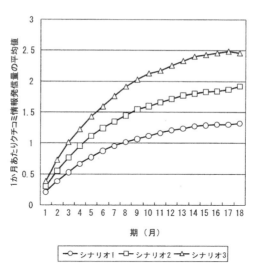

図7-13 シミュレーション結果（クチコミ情報
発信量の平均値の推移）

量配分を3倍としたものである。これらのシナリオを前提として，消費者行動モデルを利用して広告媒体情報発信量配分効果を算出し，算出結果を比較することで，どのシナリオのときにもっとも高い効果が得られるかを算出する。

　以下にシミュレーション結果を示す。図7-13はクチコミ情報発信量（回数）の平均値の推移である。いずれのシナリオにおいても，第1期目にはクチコミ情報発信量は1か月あたり0.2回から0.3回程度であったが，その後シナリオ3ではシナリオ1の2倍程度にまでクチコミ情報発信量が増大している。これは，シナリオ3ではクチコミを発生させる効果が高いインターネット広告への情報発信量の配分を大きくしているためであると考えられる。

　図7-14は広告媒体情報発信量配分効果の平均値の推移である。シナリオ3では，情報源別影響度の大きいインターネット広告により多くの情報発信量が配分されていることに加えて，クチコミによる影響が加わったことで，広告媒体情報発信量配分効果はもっとも高い値となった。

　このように，広告媒体情報発信量配分のシナリオとして，現状（シナリオ1），テレビ広告と新聞広告への配分を半分とし，インターネット広告への配

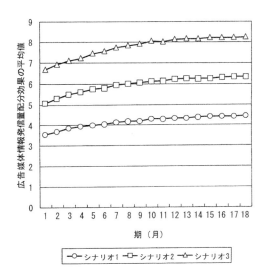

図7-14 シミュレーション結果（広告媒体情報
発信量配分効果の平均値の推移）

分を2倍としたもの（シナリオ2），テレビ広告と新聞広告への配分をゼロ
とし，インターネット広告への配分を3倍としたもの（シナリオ3），の3
通りのシナリオを設定した。これらのシナリオを前提として，消費者行動モ
デルを利用して広告媒体情報発信量配分効果を算出し，算出結果を比較する
ことで，どのシナリオのときにもっとも高い効果が得られるかを算出した。
その結果，シナリオ3では，情報源別影響度の大きいインターネット広告に
より多くの情報発信量が配分されていることに加えて，インターネット広告
によって活性化されたクチコミによる影響が加わったことで，広告媒体情報
発信量配分効果はもっとも高い値となった。
　以上はあくまで仮の計算例ではあるが，私たちの研究の成果を応用するこ
とによって，現実の世界のなかで広告の効果を，クチコミの効果を踏まえた
うえで事前にシミュレーションすることが可能であるとわかるだろう。

# 第8章

## クチコミとネットワークから
## サービスイノベーション研究へ

　私たちの日常生活のなかで，消費を意識しない日はほとんどないといって
よい。しかしその一方で，ある特定の製品やサービスがどんなプロセスを経
て普及するのかと問われると，かなり曖昧なかたちでしか認識していない。
そのプロセスのいくつかの断面ならば，誰しもよく記憶に残っているだろう。
テレビの鮮やかな CM や巨大な街頭広告，あるいはウェブページで目立つ
動く広告，店頭販売員のささやき，さらには友人がふと漏らした感想，とい
うように。だが社会の全体として，ある製品がどのようによく売れるのか，
あるサービスが利用されないまま終わってしまうのか，といった鳥瞰的な構
図となると知るよしもない。それは私たちの主観をはるかに超えたところで
進行している。このことは，商品を創りだす側にさえ多かれ少なかれ当ては
まる。もちろん，「計画」や「意図」や「見込み」としては，これだけの広
告出稿量でこれだけの消費者に到達する，この商品はこれこれの世代の人に
広く受け入れられるはずだ，という期待は描く。しかしそれ以上に予測をす
ることは困難だった。

　それはなぜか。まさに，消費者と消費者とがつながるソーシャル・ネット
ワークのなかで，製品やサービスの情報や評価がどう語られ，ネットワーク
の各頂点に位置する消費者にどんなインパクトを与えるのか，社会全体で時
系列的にどのように伝播するのか，こうした点についての予測を可能にする
手段を欠いていたからである。本書はこの空隙を埋めるべくいくつかの努力
を重ねてきた。以下でこれを短くふりかえりつつ，この研究がもつ意義をサ
ービスイノベーション研究という視点のもとに産・学の両側から検討したい。

## 8.1──全体をふりかえる

本書では，2つの視点から消費の普及のモデリングと予測を可能にしよう
と検討を進めてきた。つまり，従来の消費者行動研究の切り口をクチコミを
焦点として大きく再構成する視点，およびソーシャル・ネットワークを数学
的に構成し，そのうえで消費の普及過程を再構成する視点であった。

第1の視点では，クチコミによるコミュニケーションの重要性に鑑みた消
費者の行動のモデルの構築，そしてマーケットメイブンやリーディングコン
シューマーという消費者類型の再考をスノーボール調査ベースで検討するこ
とを含んでいた。それは普及過程研究における従来のマスメディア中心の発
想から，クチコミ中心の発想への転換であり，研究対象となる要素は同じで
も，視点の違いが新たに何をもたらすかを明らかにするものであった。第2
の視点では，現実のソーシャル・ネットワークと同じ特性を有する数学モデ
ルを構築することがひとつの重要なテーマであり，近年発達した複数のモデ
ルを越える，ネットワークのコミュニティ構造を含むモデルを構築した。さ
らにこのモデルのうえで，異なるタイプの消費者がマルチエージェントとな
ってふるまうシミュレーションを実行し，現実の普及過程との適合性を検討
した。

もう少し近づいて全体をふりかえろう。

まず私たちは，消費者行動における「クチコミ」がもつ重要性に着目し，
そのインパクトを推定することが消費者行動の予測につながると主張した。
そして過去の研究の流れの歴史的文脈を整理しつつ，上記の2つの視点を提
示した。

ついで，第1の視点と関わるクチコミ行動の計量手法を検討した。購買行
動に関する意思決定モデルの研究をレビューしてみると，多くの研究が蓄積
され，個人の意思決定をとらえるモデルは洗練され，マーケティングでの計
量的な予測可能性は近年増大しているかにみえる。しかしこれらのモデルだ
けからでは，個人と個人が互いに影響を及ぼす現実の社会のプロセスとして，
製品やサービスがどのように普及していくかは予測できない。むしろ，コミ

ュニケーションを核として消費者特性ごとの行動をとらえる技術が社会全体
での製品・サービスの普及を評価するうえで有効な手段となるだろう。

　私たちはこのように把握して，消費者の購買行動において本人だけではな
く周囲の他者の影響力までもとらえる試みを開始し，その最初の成果として，
情報伝播のハブ的な役割を果たす「マーケットメイブン」や，マーケットメ
イブンと他の消費者に対して強い説得力を有するオピニオンリーダーの双方
の特徴をあわせもつ「リーディングコンシューマー」を含む新しい消費者類
型を提示した。

　また，消費者の購買行動に関連させ，クチコミ行動のモデル化の方法論を
いくつか概観した。クチコミマーケティングという言葉がすでにあるように，
マーケティングにおけるクチコミの重要性は増している。この点を体系化す
るため，クチコミ行動のモデルとして情報の授受を行う消費者そのもの，消
費者間のつながりかた，さらには消費者間の相互作用までを考慮したモデル
を検討した。ついで，スノーボール調査に基づく消費者行動の特徴の分析に
入り，消費者の情報取得行動と消費の意思決定の段階であるフェーズとの関
連性，フェーズごとのプラス・マイナスのクチコミの量とクチコミの相手，
そしてそのクチコミから消費者が受ける購買活性化度の変化やフェーズのシ
フトといった変化の計量を消費者類型別に検討した。

　本書でいう第2の視点は，消費者行動がネットワークの網のなかで生じる
ことをモデル化することから始まった。現実のソーシャル・ネットワークと
同じ特性を有する数学モデルを構築し，そのモデルの上でマルチエージェン
ト・シミュレーションを実行した。

　消費者はソーシャル・ネットワーク上でクチコみ，クチコまれることで，
情報を交換しあい，相互に相手の行動に影響を与えており，それが社会にお
ける製品やサービスについての情報と影響の伝播につながる。したがってソ
ーシャル・ネットワークの構造を知る必要がある。その方法として複雑ネッ
トワークの理論を考察・活用し，ソーシャル・ネットワークがもつ数理的特
性を指標として「コミュニティサイズモデル」を構築した。このように，ネ
ットワークにコミュニティ構造を新たに取り入れたことで，局所的に密とな
っているリアルな消費者の集団をモデルに反映させることが可能となった。

次にこのモデル化を受け，次数分布とコミュニティの大きさの分布に関する調査結果をパラメータに乗せ，「コミュニティサイズモデル」に基づくネットワークモデルを作成した。つまり，ソーシャル・ネットワークと呼ばれる現実の人びとの社会的なつながりと同じ特徴を有する数学モデルをコンピュータ上に再現する技術を構築したのである。ここで用いたネットワーク生成手法が他の同種の技術と異なる特徴は，現実世界から採取した調査データをパラメータとして取り入れ，ネットワークの形状や規模，コミュニティ規模をデータと整合的に作成していく数学的アルゴリズムにあった。

　最後に，第1の視点と第2の視点を統合し，全体のモデルを動かす試みを行った。これまで構築してきた社会ネットワークモデルと消費者行動モデルを用いて，マルチエージェント・シミュレーションを実行し，ネットワークのなかでクチコミをする複数の類型の消費者が購買に至るまでの意思決定のフェーズのシフト（認知→関心→利用）を可視化するシミュレータを開発したのである。また，その計算結果がどれだけ現実の普及過程にマッチしているかを，現実世界の調査データとの照合によって検討した。これにより，人びとがサービスを受け入れる過程の変化や，消費者タイプの違いによるクチコミの伝播の違いなどを，消費者集団全体の現象として分析・推定することが可能となった。以上，具体的に開発した主要な実証技術は次の3つであった。

　1）スノーボール・サンプリング調査に基づく消費者行動モデル
　2）数学モデルに基づくソーシャル・ネットワークの再現
　3）サービスの普及シミュレーション

　これら3つの技術を組み合わせた普及の複合モデルは，製品やサービスの普及にとどまらず，できごとや新しいアイディアが社会的に拡散していく過程そのもののシミュレーションである。言い換えれば，社会の変化のモデルのひとつとしてとらえることができる。このため，応用範囲は社会科学全般に拡がりうるものである。

## 8.2——サービスイノベーションとして考える発展の可能性

　この数年，急速に「サービスイノベーション」研究の重要性が強調されるようになった。サービス産業の経済的価値が実質 GDP の 7 割までを占めるにもかかわらず，サービスの提供者たる企業側と消費者側とのマッチングが適切に行われず，多くの製品・サービスが出たとこ勝負で市場に出回っている。ここを研究対象にして，効率化を進めるばかりでなく，多様なステークホルダーの満足度を高めると同時に，企業の社会的価値も高め，新たな発展の機会として捉えるべきだというのである。

　そこで大いに強調されているのが，ユーザ視点のサービスというポイントである。これをカギにして，「サービス情報基盤」を整備し，ユーザの健康や福祉に貢献し，安全と安心を確保し，環境と資源を能動的に使えるようなサービス産業を展開すべきだというのが，サービスイノベーションへのスタンスである。そして，この展開を実現するためには産学が連携するなかで融合研究領域として「人間の心理・行動の理解」「大量データの取り扱い」「システムの複雑性克服」「進化・変異への対応」「合意形成・制度設計」が集中的に研究されるべきだと提言される（東京大学産学連携本部・サービスイノベーション研究会，2009a; b)。

　本書の研究の対象である製品・サービスの普及過程は，まさにこの目的に沿った研究の方向性をもっている。サービスイノベーションという旗印のもとに，すでに少なくない研究が開始されているが，現時点では多くの研究手法はサービスの現場からのボトムアップ的アプローチであるか，工学的な視点に頼りすぎるきらいがないとはいえない。サービスを利用するのがネットワークでつながりあい，コミュニケーションで相互作用している人間という存在であることを直視するならば，より社会科学的な理論的視点に基づいた具体的な研究の方法・手法の開発が急がれる。

　クチコミの威力を明らかにする試みに端を発し，消費行動と普及過程の実証的なモデリングを行うことで，製品・サービスの誕生から普及するまでを可視化する目標をもった本書は，そうした社会科学的なサービスイノベーシ

ョン研究の一例であったともいえる。それは集中的に検討されるべき各領域に多かれ少なかれ関わりをもっていた。「人間の心理・行動の理解」はまさにモデル作りの根底となっており，「大量データの取り扱い」は多かれ少なかれ調査データの取得においても，マルチエージェント・シミュレーションでも対象となっていた。また，「システムの複雑性克服」はソーシャル・ネットワークのモデリングとシミュレーションによってカバーしてきたのであり，多様化したユーザや激変する社会環境・情報技術環境に対する「進化・変異への対応」にも耐えるためのユーザー視点であった。また，ユーザー視点であるがゆえに，サービスの受益者であるユーザーとサービスの提供側が「合意形成」できるような製品・サービスの開発過程が促進される枠組みを有していた。

　本書の研究がもつ，産学の双方にもたらす今後の発展可能性を，サービスイノベーションの視点をふまえながら検討しておこう。

## 8.3──「産」側からみた今後の発展可能性

### 8.3.1　ビジネス環境の変化

　今日の消費世界についての共通認識として，モノや情報があふれ，消費者が容易にそれらにアクセスできる時代となり，結果として消費者のライフスタイルが多様化しそれに伴い各自が持つ価値観も多様化してきていることがあげられるだろう。さらに消費者行動の変化も激しく，製品やサービスの導入から廃棄・撤去までの期間であるライフサイクルがますます短くなってきており，企業はこれらに対応していくことが求められている。加えて，製品・サービス投入後も競合他社の参入で価格競争に突入し利益が圧迫され，その結果，投資した製品・サービスの開発費の回収が厳しい状況に陥る可能性も高い。このような事態を回避するために，「マーケットが受け入れる製品・サービスをいかに早く投入するか」が重要な経営課題となってきている。マーケットすなわち消費者をきちんと理解することの重要性が増してきたといえよう。

　このための研究を，サービスイノベーションの視点を踏まえて製品とサー

ビスの違いに着目してまず俯瞰してみよう。製品におけるモノづくりでは品質・生産性向上のための各種の研究や実践がなされてきた。この結果，マーケットが受け入れる高品質で低価格の製品が効率的に作り出されてきた。一方，サービスに関しては，経験とベテランのカンに頼る対応から脱却した科学的アプローチによる品質・生産性向上への期待が高まる段階にあり，サービス・サイエンスといった学問領域の提唱もその一環となっている。サービスは，かたちがある製品とは異なる特徴である無形性，人によりとらえかたが異なる変動性，生産と消費が同じである同時性という特徴をもつことから，従来のモノづくりにおける生産性や品質の向上のためのしくみはそのままのかたちでは適用できない。このため，サービスの品質や生産性向上に向けた別のアプローチが必要で，産業界からもそれに向けた方法論の確立が求められている。

### 8.3.2 消費者行動を理解するための課題

本書で紹介してきた技術は，製品・サービスの普及を消費者の視点で分析・推定するためのものだが，ここでは製品とサービスの違いを認識したうえで，消費者行動を理解するための課題を掘り下げていきたい。

モノとしてかたちをもつ製品は，品質（Quality），コスト（Cost），納期（Delivery）が競合他社への競争力となりうるため開発・生産における生産性や品質の向上が図られてきた。したがって，「何をつくるか」が決まれば，「どのように作るか」については，作りかたに改善すべき点は残されているものの，基本的なプロセスや仕組みはすでに構築されていると考えられてきた。一方，サービスに関しては，生産性や品質の向上に向けた取り組みの必要性は認識されつつも，無形性や変動性などの特徴から，そのための方法論や手法の確立は今後の課題となっている。

さらに，このように区別するだけでは事態が収拾できなくなってきていることにも注目しておきたい。製品の利用様態を考えると，サービスと同様に製品についても変動性という特徴が多かれ少なかれ観察されはじめているからである。言い換えれば，製品においても「何をつくるか」を明確にするために，「利用者が製品で何をしたいか」「利用者が製品に何を期待している

か」をとらえてゆく方法が未確立の状況にあるといえる。

　また，企業は製品・サービスをマーケットに投入する際に，機能，性能や製品デザインなどに特徴をもたせることで他社との差異化を実現してきた。たとえば，情報機器であれば，処理速度や容量などの性能を向上することで製品の特長をアピールし，消費者もそれを期待し製品を購入してきた。効率性を追求していた時代は，性能で語ればその価値を利用者に伝えることができ，性能向上による利便性を享受することが可能であった。しかし，ある程度まで便利で効率的な社会になると，それ以上の性能などの向上に対する価値は付加しにくくなった。つまり性能向上が進み，消費者のやりたいことや期待することに対する十分な機能，性能を確保できるようになると，性能による差は消費者にとって魅力的でない状況に到達し，性能や機能とは別の新たな価値を求めるようになってくる。加えて，多種多様なモノが行きわたったことから，なくても不自由さを感じないような製品・サービスに対する価値では，利用者ごとに受け取りかたが大きく異なるようになった。このことも従来からの延長線上で消費行動をとらえていくことを難しくしている。

　状況をより複雑にしている一因がさらに加わる。消費者の情報発信や情報獲得のための環境が大きく変化したことである。情報社会の到来で一般消費者が容易に多様な情報を獲得し発信することが可能となり，企業からの一方通行の情報だけでなく消費者間の情報交換が大いに促進されるようになった。こうしたクチコミに代表される消費者間のコミュニケーションが与える消費行動への影響は大きいと考えられるが，定量的に把握することは困難であった。

　このように，社会環境，生活様式，社会を支える情報インフラが大きく変化しているなかで，生活者である消費者の行動をマスでとらえるような従来手法では予測が困難になり，新しい切り口での消費者行動に視点を当てた研究が必要となってきた。そこで，消費者を個で捉え，コミュニケーションによる「伝染」的な性質を考慮したうえで，消費者間で共有される価値観をみえるようにするための手法が求められてくる。「何をしたいか」という消費者の価値が明確になれば，その実現方法は製品・サービスの提供者にとって多様に構築しうる。このことは製品・サービスの品質や生産性の向上を見込

みやすくし製品であれば生産の見通しがつきやすくなるだけではなく，消費者にとっても魅力あるものを提供できる利点がある。言い換えれば，これができれば消費者の信頼を獲得し望ましいブランドの構築ができることになる。

### 8.3.3 消費者視点での消費者行動の予測

　消費者市場をターゲットとする企業にとって，消費者行動の予測は自分たちが提供する製品・サービスを消費者に対して適正な価格で供給し購入へと結びつけるために重要である。予測はマーケティングの機能の一部なのである。マーケティングは，古くは高度成長期における作れば売れる時代のマスマーケティング，売るターゲットに合わせたセグメントマーケティング，さらに個を重視したワンツーワンマーケティングへと変化してきた（堤，2007）。この間に，売り手視点の 4P（Product, Price, Place, Promotion）に加え，買い手視点の 4C（Customer Value, Customer Cost, Convenience, Communication）を考慮することの必要性が叫ばれてきた。大きな流れとして製品・サービスの利用者である消費者の視点で提供する価値を考えるべきだということである。消費者行動を予測することにはそういう含意がある。

　ところが，先ほど述べたように消費者の価値観の多様化により従来のマーケティング手法が適用できない状況が生まれてきている。これは第3章でも触れた消費者の心理的意思決定モデルが情報社会において従来型のAIDMA から AISAS に変化していることにも象徴されるだろう。消費者は自分のほしい情報を Search（検索）し，購入したあと，興味をもつ仲間と情報を Share（共有）するようになった。テレビ，新聞に代表されるマスメディアによる広告は，商品の認知に対しては有効であろうが，購入に至るには企業の提供する情報より仲間で共有された情報に対してより信頼を置くようになってきている。このため，消費者を個でとらえたうえでコミュニケーションの効果をネットワークレベルで考慮して消費者ニーズをとらえないと，予測は不可能なのである。

　別の側面として，企業の置かれている立場の変化も考えられるであろう。企業は利益獲得のために経済性を追求するが，近年では CSR（Corporate Social Responsibility）の観点で社会面や環境面に対しても消費者から厳し

い目でみられようになった。企業を取り巻く消費者を含めたステークホルダーは多様化し，多角的にその企業活動は評価される。とくにCSRの観点でのネガティブなイメージは企業の存続にさえ影響を与える場合がある。別のいいかたをすれば，企業は製品・サービスを通して社会に価値を提供することで社会に貢献し，それによって認められるといえる。社会にとって価値があるものを提供するためには，使う人すなわち消費者にとって満足度の高いものであることが求められ，この点からも消費者を起点により一層製品・サービスの価値を意識していくことが必要となる。

　以上を踏まえると，前章までに紹介した技術は消費者間コミュニケーションと消費の意思決定を通じた製品・サービスの普及の可視化，モデル化，予測のための技術であるが，これらの技術が必要な理由は次のように考えられる。

　可視化は，複雑な消費者行動を分析するための第一歩である。具体的には社会調査の結果を解析し消費者行動の特徴を見えるようにするために必要となる。今後のユビキタス社会を考えると，社会調査手法による情報獲得に加え，GPS付き携帯端末や各種センサーなどから消費者の行動に関する膨大な情報が取得可能な環境ができつつある。個人情報の観点から使用の可否に配慮しながらも，消費者行動の分析の精緻化は進むだろう。

　モデル化は，可視化した結果から消費者行動を特徴づける要素を抽出しモデルを構築していくことである。モデル化することで，消費者行動が理解しやすくなる。たとえば，異なる消費者行動を2種類のモデルで表現すれば，その違いを明確にできる。

　予測では，消費者行動の特徴を備えたモデル，およびソーシャル・ネットワークに近似するネットワークモデルを用いたシミュレーションを通じて，多数の消費者が集まった場合にどのような行動をとるか，社会的にどのような普及過程が考えられるかを確率的に予測する。このようなシミュレーションを行うことで，消費者視点で製品・サービスを最適にするための複雑な条件を導きだすことができることにつながる。

　つまり，本書で検討してきた消費者のモデル化，ソーシャル・ネットワークの数理的特性を指標としたモデル化，消費者行動を予測するためのマルチ

エージェント・シミュレーションは，製品・サービスを使う側の視点からの評価技術ともいえる。とくに，異なったタイプの消費者モデルが設定可能なため多様な消費者の価値観に対応できることや，ソーシャル・ネットワークを扱うためクチコミの効果が分析できることなどから，多面的な状況で消費者視点での製品・サービスの開発に活用できる可能性をもっている。

### 8.3.4 消費者行動予測の活用例

そこで，本書の研究やその周囲の領域で，消費者行動の予測がビジネスの活用にどう結びつくか，いくつかの可能性をみていこう。消費者行動を予測することは，顧客，利用者，消費者の視点でニーズを捉えることであり，製品・サービスの企画などのマーケティングで活用できる。

（a）ペルソナ　ユーザ・センタード・デザインを実施する際，ユーザのニーズを捉えていくために，架空の顧客像であるペルソナを想定することでターゲットを明確にする手法（Cooper, 1999）がマーケティングや商品開発などで活用されている。

ペルソナとは典型的な顧客のモデルである。そのモデルを想定することで，顧客視点，すなわち，消費者視点で製品・サービスの利用シーンを想定することを容易にする。たとえば，ペルソナを導入することで，複数の部門が関係する製品などの開発において部門間で製品ターゲットへのイメージを共有することができる。製品・サービスの提供者である企業側の視点でデザインすると他社より優れた技術などを強調しがちとなり，それが必ずしも顧客が望む機能や性能と一致しないことがある。ペルソナを想定することで，どのような顧客をターゲットとして何をしたいのかが明確にできるという利点が得られる（日経ストラテジー，2007）。ペルソナでターゲットとする顧客像を作り，企業が提供すべき最大の価値をこの顧客の満足に据えてその実現に向けたシナリオを描いていくことから消費者の視点を意識しているといえる。

ペルソナを構築する際には，調査，行動観察，インタビューなどから顧客をセグメント化し，メインターゲットとする顧客を絞り込んでいく。このように構築されたペルソナが満足するような製品・サービスを開発していく手

法は，ウェブ画面の設計などで活用されている。一方，消費者の嗜好や価値観の多様化が進むことで，従来の手法によるセグメント化が難しくなってくる。このような状況に対応していくためには，顧客調査などの定量的データに加えて，消費者の嗜好や価値観を理解するために行動観察などの定性的なデータを有効に活用していくことが必要になってくるであろう。それはペルソナの構築にも関連してこよう。このことが必要なのは，製品・サービスが備える機能や性能を顧客が好むか否かといった結果だけではなく，なぜその機能を好むのかの理由を捉えていくことが顧客視点の製品・サービスの開発で重要になってくるからである。

　ペルソナの考えかたは，顧客である利用者や消費者を中心においた製品・サービスの設計を実現するためのものである。このように消費者を類型化し，その行動を理解するためにモデル化する手順を踏むのは，本書で紹介した消費者モデルと類似する部分であり，ペルソナの考えかたと消費者行動の予測を連携させることで，よりユーザ・セントリックな製品・サービスに結びつけてゆく可能性がでてくる。


　(b) **ネットマーケティングにおけるブログ分析**　ネットマーケティングは，インターネットを活用したマーケティング活動である。インターネットの普及により，マーケットリサーチや顧客である消費者の意見収集などが比較的容易に実施できるようになった。企業自身によるネットマーケティングの実施に加え，ネットマーケティングの業務を請け負う企業も増加しており，このマーケットは拡大している。

　ネットマーケティングのなかには，クチコミ効果分析をサービスとして提供する企業も出てきている。具体例をあげれば，ブログ分析サービス「blogViz センサー」を運営する日経リサーチは，クチコミの総合評価指標「BBI（Blog Buzz Index）」を定義してその効果を測定している。このようなブログ分析は，実施したプロモーションに対するクチコミ効果を検証できるので現状を捉えることに有効であろうが，「なぜそのように拡がっていったのか」の分析については経験とベテランのカンに頼ることになるであろう。

　そこで本書で紹介したクチコミ伝播を評価する技術により，消費者行動を

決める各種要因に基づき心理的な観点を含めてクチコミ効果を分析できるようになれば，従来に比較して経験とベテランのカンによる職人芸から離れて，一歩進んだシステマティックで安定性・信頼性の高いアプローチが実現でき，インターネットを活用した新しいプロモーションのやり方につながっていく可能性があるのではないだろうか。

　ブログ分析をていねいに分析することでも，書き込み内容による効果測定に加えて，どのサイトからどんなかたちでいつ，どんなクチコミが生じたか，また書き込まれた内容によってその情報源や実際の購買やサービスの利用に至ったかを明らかにすることはできるだろう。しかし，そのブログの書き手がどんな類型の消費者であるかは推定するしかない。また，書き手がどんなネットワークのなかにいるかについても，ブログ間のコメントやトラックバックで部分的にしか計測することができず，ソーシャル・ネットワークのなかでその書き手が占める位置が明確にならない。本書のアプローチと結びつけることがこのような分析における次の発展に結びつく可能性がある。

　（c）**行動ターゲティング広告**　マスではなく個人の行動に着目したインターネット上の消費者行動に対するビジネス活用例として，行動ターゲティング広告がある。消費者の嗜好や価値観の多様化により，従来の性別や年齢に頼ったセグメンテーションに基づくマーケティング対象者の選別が困難になってきたことから効果的であるといわれている。

　行動ターゲティングは，ウェブサイトの履歴情報や検索結果から，サイト訪問者の価値観，嗜好，ライフスタイルなどを推定し，利用者をセグメント化することで，販売や宣伝などに活用する手法である。このセグメント化された結果に基づき，同じウェブページを閲覧しても表示される広告が訪問者により異なって配信される。たとえば，履歴情報や検索結果からクルマ好きと判断される訪問者に対しては，クルマ関連の広告を表示する。行動ターゲティング広告は，訪問先のサイトにおいて訪問者ひとりごとの興味に沿う可能性の高い広告を配信するものであり，過去の訪問履歴から推定された訪問者の潜在的な興味や関心にマッチする広告表示を行う。このため，広告主にとっては広告効果を向上させることができ，訪問者にとっては関心領域の広

告が表示されやすくなるメリットがある。インターネットならではの特性を活かした情報社会における新しい広告として注目されている。さらに，従来の性別や年齢などの属性やエリア情報によるターゲティングと組みあわせていくことで，よりターゲットを絞り込む方法も出てきている。

　このような多様な情報の組み合わせは，商品のコンセプトと特徴を，より的確に，よりマッチしたユーザにアプローチすることを目的としている。行動情報としてのサイト訪問履歴や検索履歴からユーザーをセグメント化し，ユーザの趣味，関心でターゲティングする。属性情報として登録された性別，年齢などの属性情報からセグメント化し，性別などからターゲティングする。また，エリア情報としてユーザのアクセス情報から地域を判別しエリアごとに表示する広告の説明文などのコンテンツを切り替える。たとえば，不動産業などに代表される地域密着型ビジネスには，効果を発揮できるターゲティングの手法である。これらを組み合わせることでよりターゲットを絞り込むことができる。

　ユビキタス情報社会では，個人情報使用に配慮しながらも，アクセスログに限らず GPS 携帯，RF タグ，各種センサーなどで消費者の行動情報を容易にかつ詳細に集めるうる可能性が格段に高まる。このことは行動ターゲティングの有効性を高め，潜在的な顧客をつかむ可能性を増大させることにつながりうる。しかし，膨大な情報から統計解析やデータマイニングなどで行動の特徴を抽出することは可能ではあるものの，消費者の心理的な判断モデルという消費者視点の切り口を含めないと「なぜこの消費か」の部分が解明できない。このことからも，本書で紹介したような社会心理学と工学の融合を試みる研究が重要となるであろう。それが行動ターゲティングそのものの課題解決に直接つながることはないが，現象として捉えた行動の特徴と消費者類型ごとの消費の意思決定モデルなど社会心理学的アプローチとを関連づけていく視点は，新たな知見の獲得につながる可能性がある。


　（d）**ユビキタス情報社会におけるサービスの開発**　情報社会においては，IT 基盤上で多様なサービスが提供されるようになるであろう。たとえば，amazon.com などの e コマース，諸種の場面で活用されるようになってきた e ラ

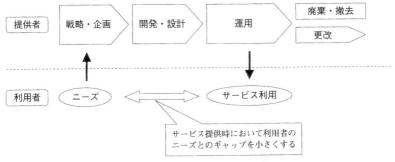

図8-1　サービス・ライフサイクル

ーニングや本書での消費者調査の対象とした SNS などが例としてあげられる。また，最近ではクラウドコンピューティングによりサービス提供のための IT 機器を所有することなく，必要な時に必要なだけのハードウェア／ソフトウェアリソースを活用できるようになってきている。いずれにしても IT 基盤上でこのようなサービスを開発していくには，一般的に戦略・企画，開発・設計，運用，廃棄・撤去の手順を踏む必要がある。この一連の流れをサービス・ライフサイクルと呼んでいる（図8-1）。

　サービスそのものは運用段階において消費者などの利用者に提供されることになるが，この利用者にとって価値あるサービスであることがもっとも重要であるといえる。この観点に立つと，サービス・ライフサイクルの中で戦略・企画段階からすでにサービス利用者のニーズを満たすようにサービス開発を行うことが必要となってくる。利用者は必ずしも消費者に限定されるものではないが，消費者を想定する場合はそのニーズを的確に獲得してサービス開発を進めていかなければ，マーケットには受け入れてもらえない。あたりまえのことではあるが，良いサービスを提供していくためには利用者のニーズの獲得がもっとも重要事項であるといっても過言ではない。

　サービスの運用段階を考えると，まだマーケットに存在しない新しいサービスは，サービスの無形性という特徴から運用開始前にその内容を利用者に正確に伝えることがきわめて難しく，調査などにより新しいサービスへの意見を求めても的確な回答を入手することも端的にいって困難なことがわかる。さらに，消費者の価値観の多様化で，どのようなサービスとすべきかを判断

するのはきわめて複雑な課題を解くことを意味する。この際に，多様なタイプの消費者を想定できる消費者行動の予測の技術を応用できる可能性があるだろう。サービスの複数のプロトタイプを用いた実験的手法と組みあわせることで，クチコミや意思決定のシミュレーションを行うなどの試みである。次の項でもそのいくつかの可能性を提示する。

　（e）**本書の技術の応用**　消費者行動予測の活用例の最後に，本書で紹介した技術のマーケティングへの応用を考えてみよう。

　本書の研究は，社会調査の実施と結果の分析，クチコミと消費の意思決定という消費者行動のモデル化，ソーシャル・ネットワークのモデル化，普及予測のためのシミュレーションといった一連の流れを踏むものであるが，社会調査結果の分析段階までは分析のアプローチに違いがあっても従来の手法の延長上にある。8.1節で発想の転換だと述べたゆえんである。研究の特徴を再確認すると，分析結果に基づいたうえで，それらの結果をパラメータとして投入した消費者行動のモデル化やソーシャル・ネットワークのモデル化を行い，シミュレーションにより普及過程を再現している点にある。言い換えれば，従来は分析結果を見てどうするかをリサーチャーの経験とベテランのカンにより決定していたが，今回のようにモデル化とシミュレーションを導入したことが，各種条件を変えた場合にどのように結果が異なりうるかの分析をシステマティックに実行する技術の開発につながった。これはマーケティングにおける意思決定支援のための強力な武器となりうる可能性を秘めている。つまり，マーケティングの科学のなかのミッシングリンクを埋める作業を一歩進めたのである。

　紹介したモデルでは，消費に関わるさまざまなパラメータを変化させた分析が可能である。たんに製品・サービスに対する認知・記憶などにとどまらず，その商品の認知や記憶のクチコミによる伝播の効果，広告接触による効果，ソーシャル・ネットワーク上でのインフルエンサーの役割を考慮したうえでの認知や記憶の時間的推移が分析可能となる。これらの効果を総合的に分析することで製品・サービスの普及予測が実現する。たとえば前章末で例示したように，広告による効果とクチコミによる効果の比率を変化させて分

析できるため，広告露出による製品情報への接触回数で判断される商品の認知・記憶をクチコミの効果を加えて評価できるメリットがある。さらに，クチコミにおけるインフルエンサーの役割を分析できるため，どのような情報を誰に提供すれば効果的であるかなどの情報提供方法を検討する際の活用も考えられる。

　また，スノーボール・サンプリング調査をマーケティング・ツールとして継続的に活用し過去の調査結果を蓄積していくことで，消費者が形成するソーシャル・ネットワークにおける消費者間の相互依存性をより詳細に明らかにできるだろう。そして，質問票による量的調査に加え，質的調査であるインタビューや行動観察などの実施により，量的調査では抽出できない特徴を見いだして消費者行動モデルを改良し，ソーシャル・ネットワーク内での消費者のふるまいの予測精度を向上させることも取り組むべき課題である。質的調査は消費者がとくに意識していない行動をあぶりだすことが可能なことから，新たな消費者行動のタイプを析出し，そのタイプのソーシャル・ネットワーク上の役割を分析できるのだとすれば，消費についての新たな知見の獲得につながるだろう。

　図8-2に本書で紹介した技術のビジネス応用を図示する。これを参照して商品の販売促進や新商品の開発における企画やマーケティングへの活用を考えてみよう。新商品をマーケットに投入する際，商品に関する消費者調査，プロトタイプによるテストマーケティングを実施する。ここに本書で紹介した技術を組みあわせることでマーケティングを効果的に進めていける可能性がある。対象商品や消費者類型化に関する質問調査の実施と分析，分析結果に基づく消費者行動のモデル化，販売促進施策の影響度の定量化，スノーボール・サンプリング調査によるソーシャル・ネットワークのモデル化などを行い，これらのモデルによるシミュレーションを実施する。このことにより，販売促進策など企業側で実施できる施策の違いによる普及への影響をマーケットへの商品投入前に検証することができるようになるであろう。そして，マーケット投入後にその結果をフィードバックしていくことで，PDCA（Plan-Do-Check-Action）という生産・品質管理で活用されるサイクルを回し，モデルの精度の向上をめざすのである。

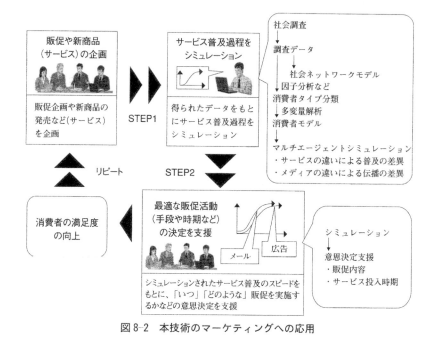

図 8-2　本技術のマーケティングへの応用

### 8.3.5　人と地球にやさしい情報社会における企業と消費者行動

　消費者行動に関する研究は，情報社会の進展のなかで研究テーマとして重要性を増してきている。とくに，技術が実現する性能向上の視点だけでなく，技術により実現される製品・サービスを利用する人の視点でとらえていくことは，提供できる価値の最大化を可能にし，たんなる性能向上の技術開発ではなく，実現した技術の協調的適用を通じて利用者を幸福にし，社会全体の価値をあげる道へとつながる。

　情報社会として総務省が提唱するユビキタスネット社会[1]が実現されると，空間的・地理的な制約，通信対象・通信能力の制約，ネットワーク・端末・コンテンツの制約などから解放され，利用者はストレスなく安心して情報通信サービスを利用できるようになるとされている。ユビキタスネット社会では，多様な情報機器や家電製品がネットワークでつながり，このプラットフォーム上でさまざまなサービスが実現され，これを支えるプラットフォ

ームが社会生活の基盤となる。ユビキタス・プラットフォーム技術には，たとえば，電子タグなどの利用により多様なサービスを携帯電話などの身近な端末で利用可能にする技術，各所に設置されたセンサーからの情報を共有化してサービス利用者の環境を的確に認識する技術，GPS 付き携帯端末から得られる消費者の位置や場所に関する情報をより簡便に利用するための技術などがあり，これらの技術開発や普及のための低コスト化が産学連携で進められている。これらの技術が消費者や社会にとって価値あるものとしていくためには，本書で紹介したような融合研究領域の取り組みが重要になってくるであろう。

　一方で，情報社会における社会性を重視した企業であるためには，持続可能な社会に向けての取り組みも重要となる。今後の情報社会の実現で，IT 機器によるエネルギー消費は 2025 年には 06 年に比較しての約 5 倍になると予想されている（経済産業省グリーン IT イニシアティブの推進　2008 年 10 月）。情報社会では，情報を主体としてサービスが提供されるが，サービス自体はモノとは異なり形がない無形性という特徴を備えることからモノの消費を抑えることによる脱物質化を進め，エネルギー消費の抑制に寄与しうる。しかし道は半ばである。一般的にはサービスは製品との組みあわせで提供されるため，有形部分をサービスの提供者が所有し無形部分であるサービスを利用者に提供する，いわゆる「モノを売らずにサービスを売るビジネスモデル」へ転換していく社会構造の変革が求められている。ここでは提供者にとってモノの使用量を抑える方向にインセンティブが働くため，有形部分を可能なかぎり削減していく圧力が働く。このような考えかたで，PSS [2] のコンセプトも提唱されている。しかし，PSS のコンセプトの実現は上述したように社会構造の変革を伴うことから，社会の構成員である消費者の変革による影響を分析することを必要としているが，その点については未踏の部分が多いのである。

　消費者行動の分析で，消費者がなぜそのような行動をするかを理解することは，このような製品とサービスの組みあわせの最適化をめざす際のヒントとなりうる。たとえば，カーシェアリングは消費者が移動という機能を欲していれば成り立つサービスだが，消費者の満足がクルマを所有することにあ

り，そうすることを望む人が多ければ普及はしないであろう。逆に，社会の環境配慮への意識が高まり消費者は移動目的でのクルマの使用を控えることを望むようになれば，所有する必要がなくクルマの生産量を減少させることができる。つまり，消費者が何を望んでいるか，何に価値を認めるかが判明すれば，それを実現するための製品とサービスの組みあわせにおいて必要以上にモノで実現する部分を作り込むことがなくなるのである。これは，長期的な視点に立てば，モノの削減による環境負荷の削減であり，持続可能な社会の実現に向けて，情報社会での消費エネルギーの増加分をカバーするためのひとつのアプローチと考えることができるであろう。

　企業が消費者の視点，製品・サービスを利用する側の視点をもつことは，消費者にとっての価値を最大化するため人にやさしく，一方，消費者の価値に合わせて有形の製品と無形のサービスの組み合わせを最適化していくことは，必要以上にモノに頼る部分を削減することで地球にやさしい，ということもできるだろう。人と地球に対してともにやさしい情報社会の実現に向けたひとつのアプローチがここにある。

## 8.4——「学」側からみた今後の発展可能性

　では，「学」側の立場からみると，本書のような消費者行動研究のアプローチのもつ今後の発展可能性について，どう論じることができるだろうか。「産」側の立場と同様にサービスイノベーションの視点をふまえながら考えたい。

　社会心理学における基本的な人間観は，人間とは限定合理性という限界（第3章）を抱えつつも能動的に情報処理する存在であり，社会的コミュニケーションを通じて個を超えた社会的な関係性・コミュニティを構築する存在であると，とらえてきた。そしてその研究のスタンスや知見の多くは，何かを変えたり構築するような研究であるよりは，人間行動の記述と解析手法の発展に重点を置いてきた。社会的存在としての人間が，いかに合理的選択に不慣れな存在であるか，集団として行動しても判断を誤る危うい存在であり，集団メンバーのもつ社会的な資源を有効に活用しそこなう存在であるか

を，さまざまな局面において明らかにしてきたのである。たとえば，損失に対してはリスク志向，利得へはリスク回避志向のあるリスク認知バイアス，集団内の合意性を過度に推測するフォールスコンセンサス，集団思考研究にみられる意思決定時の意見一致追求傾向がもたらす判断の誤り，集団討議過程におけるコミュニケーションのロスなど，列挙すればきりがあるまい。

　なかでもニスベットとロスは 30 年も前に名著 *Human Inference* において，こうした人間の不完全性を個人の推論のエラーに関して体系的に検討した (Nisbett & Ross, 1980)。そして彼らは終盤の章「（推論のエラーから生じる）ダメージを評価する」の冒頭で，草稿を読んだ同僚の言葉をこう引用した。「人間や集団がそれほど不完全な存在なのだとしたら，我々はどうやって月まで行けたのだろう」と。アポロ 11 号の月面着陸から 10 年あまり後のインパクトある洞察である。不完全であるにもかかわらず，私たちは何らかのかたちで確かにそれを克服し，問題を解決してきたのである。人類が生き延び，発展してきた現代社会はまさにその成果のうえに成り立っている。ニスベットらは，この矛盾を解くひとつのカギは正しい知識を反省的に蓄積し，それを文化として伝達し得たからだと指摘している。誤った推論は社会的にテストされ，ふるいにかけられてきたのである[3]。

　興味深いのは，社会心理学者はそれから 30 年経っても依然として人間の不完全性を指摘することには熱心だが，その愚かさを解決する方向には必ずしも熱心ではないという点である。たしかに社会心理学の視点から現実の問題に介入し，解決を支援する研究自体は増大傾向にあるが，ここでいう人間の不完全性の解決をめざしているわけではないのが現実である。このことに鑑みると，サービスイノベーションのひとつの方向は人間の「本質的な愚かさ」を解決するアプローチに求めることができるのではないだろうか。つまり，人間の欠陥の補正・補完をするようなアプローチである。それが人間をエラーから守るひとつの可能性であってみれば，サービスとして「人間の愚かさを解決する」という方向は当然あってしかるべきものと思われるのである。むしろ，ヒューマン・インターフェースなどの領域を除けば (Norman, 1988)，集団や社会全体に関わる社会的行動の領域でそれがあまり考えられてこられなかったことのほうが不思議である。

一方，人間の不完全さにはさらに別の問題がある。それを「近視眼的な愚かさ」とよぼう。すでにみた合理的選択・意思決定の問題ではなくて，人間がどこまでの範囲の情報を利用できるかという問題である。「木を見て森を見ず」のたとえのように，ある狭い範囲の情報を用いるかぎりでは合理的な選択も，より広い範囲の情報を用いるならば合理的でないことが無数にある。同様に狭い集団のなかでは適切な判断も，より広い文脈での判断であれば誤りであることも多数ある。そして，人は自分の目に見えるかぎりの環境の制約の囚人である。局所的な合理性を越えられない，といういいかたができるかもしれない。その点で限定合理性の限界の問題であるともいえる。

　スモールワールドの研究を聞いて世界の狭さに驚くように，人は自分が直接接する世界に対しては明るくとも，その近傍をわずかに越えると何も知らないに等しいことが起きる。ネットワークの近傍だけでなく，ある出来事の帰結という，できごとの近傍のひとつ向こうで生じるインパクトが見とおせない，ということもしばしば生じる。逆にいえば，近傍以上が鳥瞰できるときに近視眼に由来するエラー生起の確率は確実に下がる，ということである。これは実は，産業の分野でしばしば指摘されている点でもある。いわゆる「見える化」である。トヨタの「あんどん方式」や「かんばん方式」が優れているのも「見える化」のためだといわれる。それぞれ，問題が発生したときに周囲から言えること，必要な部品やその量を周囲で共有することが，近視眼的な判断ではなく，少なくとも一段高い鳥瞰的な立場からの判断を可能にし，それが判断の質を向上させることを意味している。このことで，上流の事故を知らないまま工程を進めるとか，あるいは供給と需要がミスマッチする，などの近視眼的なエラーは生じにくくなる。もっと一般的な例を挙げれば，仕事の効率は手順にあり，ということがあるだろう。全体がみえ，それを順序立て，関連づけて対処することが，仕事に対するメタ認識と効率を生むのである。類似のことはサッカーなどのゲームでも指摘される。能力の高い選手のすることは鳥瞰的な視点をもつことなのである。

　社会心理学の研究では，こうした鳥瞰的な視点は必ずしも直接的には検討されてきていない。しかし，ネットワークの弱い紐帯をもつことが新しい発想にプラスとなり，異質な他者との遭遇や討論の機会を有することが複眼的

な志向を促進する一方，閉じたネットワークに住まうことが同質的で抑圧性の高い環境を呼びやすく近傍を越えないリスクを負うことは，ソーシャル・ネットワーク研究では知られはじめている（Burt, 2005; 池田，2007，6章）。それは近傍を越えるアプローチの重要性を示唆している点で，「見える化」に通じるものがある。このような領域でも，サービスイノベーションのひとつの適用分野をみて取ることができるだろう。これまでなかった方法・領域で「見える化」を促進することであり，本書で追求してきたのもそのひとつのアプローチであった。

## 8.5——サービスイノベーション研究と社会心理学との接点

　以上から，社会心理学的な視点をサービスイノベーション研究に応用するふたつの方向性が見えている。これをもう少し具体的な可能性として検討してみよう。

　ひとつの方向性は，道具（製品やサービス）の創りだす社会的なアフォーダンスを検討することである。アフォーダンスとはある種の行動を取りやすくさせる環境の構造である。たとえば，電子メールというテクノロジーのなかでも携帯電話のメールとPCのメールはツールとしてのアフォーダンスに差異があり，それが人間のコミュニケーションの差異をもたらす。携帯電話のメールは身近で親しい人びととのコミュニケーションをより促進し，PCはより拡散したネットワークでのコミュニケーションを促進する。これはツールのもたらすアフォーダンスに依存している（池田，2004）。同様に，社会的制度・文化によってもアフォーダンスは作り出されている。社会心理学の領域ではこの20年，文化間の差異の研究でそのことが徐々に明らかになってきた。日本人の集団主義とは日本人固有の心理ではなくて社会的な構造がもたらすもの（高野，2008; 山岸，2002）だという研究の知見は鮮やかであると同時に，過度の心理主義から脱し，より適応的な環境のアフォーダンスを考えるという志向性をもたらす。

　したがって，アフォーダンスの視点は，人間の欠陥の補正・補完をするようなサービスイノベーションを考えるときにも，示唆に富む。つまり，人間

の判断・行動の社会心理的な欠陥を考慮したうえで，それに由来する失敗を低減するアフォーダンスの構造設計を実現することが，これまでになかったサービスを生みだすということである。それは構造的なアフォーダンスを変えることで人の判断や行動のエラーを「補正する」という視点である。たとえば，人間の短期記憶の容量に重大な限界があり，それがエラーに結びつきやすいのなら，限界を超える分を目の前に表示してやる（可視化・外部化する）ことでエラーが生じる可能性を低減してやる，といった認知工学分野に例をみることができよう。そうした志向性は，制度作りをひとつの学問のターゲットとしてきた政治学や経済学，あるいはモノやシステムを作ることをターゲットとしてきた工学とのあいだで，社会心理学がジョイントワークに関わりうるひとつのフロンティアである。

　同じ発想の線上で，エラーとまではいかなくとも，何らかの社会的に望ましくない結果をもたらしがちな状況に対して，コミュニケーションのアフォーダンスの構造を変えてやることで望ましい結果を導きだす，という方向性もあるだろう。たとえば，地域に根ざしたオンラインコミュニティ上で人びとがコミュニケーションを発展させ，それがオフライン（リアル社会）の社会参加の糧となるような，オンラインコミュニティの構造設計を考えよう。つまり，インターネット利用が地域コミュニティ内の水平的コミュニケーションを活性化させ，リアルな場面での社会参加（祭りといった地域の行事や子どもの教育への参加，自治会や地域問題解決のための参加など，幅広い活動を含む）を増大させることが目標だと想定しよう。ここでの重要なネックのひとつは，インターネット上のコミュニティにはしばしばネガティブな要素がつきまとうということである。いやな発言をする人がいる，というような状況である。こうしたときに，コミュニティに参加し続けるプッシュ要因を構造的に創りだしてやることができれば，「いやな側面」のあるコミュニティですら，参加を促進することが可能であろう。「いやな人がいるから参加したくない」のでは，コミュニティは進化しない。池田らはこうした視点から地域のオンラインコミュニティを研究し（池田・志村，2008），参加者が自分と同質性の高い友人と誘い合って共参加できるしくみを強化することが，インターネット利用のポジティブな効果をいっそう高めうることを明らかに

した。これに基づけば，友人と共参加するしくみを人工的に促進するアフォーダンスをネットコミュニティ上で構築すること，つまり参加を促進するアフォーダンスのある構造を創りだすことをめざすという，人工物工学と親近性の高い発想が出てくるだろう。しばしばありがちな「がんばって参加しろ」という精神論以上に現実的な，コミュニティ参加の誘因構造を創りだすのである。

　さて，サービスイノベーションとの接点で，社会心理学がとりうるもうひとつの方向性は，消費者行動の「見える化」を通じた「サービス」のマッチング問題の解決である。サービス産業が一般消費者を対象とするかぎり，そのひとつの領域として当該サービスの普及過程の検討，つまり社会的受容の予測，が必然的に入る。その予測によってサービスを利用する側と提供する側との間で両者に最適の利得と満足を提供するときに最良の結果を得ることが目標となることは，前の節でみた「産」側の視点からも意識されているとおりである。しかし現状では，細々とした予測の市場調査や技術者の「これはウケるはずだ」というカンによって多くの提供サービスが支えられており，えてして提供側が一方的にサービスを作りだし，利用側からのフィードバックは売れ行きによってのみもたらされるものでしかないというミスマッチがあるのは否定できない。社会心理学が貢献しうるのは，作る側の視点を見失わない以上に，利用側の視点からサービスの構造を「見える化」することでサービスの質を創造的に向上させることである。

　本書の消費者行動のモデリングは，こうした「見える化」の側面を強くもっている。消費者のクチコミは見えにくく，さらにそれがネットワークのなかを流れるとき，ネットワーク全体の帰結がどうなるかも見えなくなる。これらを「見える化」することは従来のデータ収集と解析の方法ではできなかった。その点で本書の研究は，これらを可視化し，鳥瞰的な視野をもたせることを目標としており，サービスの提供側と受容側のマッチングを市場に商品を投入する以前に効率よく推定しやすくするアプローチであったと，積極的に位置づけることができるだろう。さらに，どのパラメータを動かせば普及は促進されるのか，その正確な推定をめざす方向性は鳥瞰的視野をより進化させるものとなる。8.3 節でみた「産」側からの視点も，このこととうま

く協応している。

## 8.6——イノベーションをもたらす研究をめざして

本書はいくつかの点で社会に貢献することを期待している。

第1は，従来の広告効果研究や消費者行動研究では十分にとらえられなかった，消費者のコミュニケーションがもつ意味を体系的に，かつ新しい実証手法で示すことによってこの分野での学術的な貢献をすることである。

第2に，ソーシャル・ネットワーク研究やマルチエージェント・シミュレーション研究に対して，リアルデータとの整合性を考慮することが研究上重要な意義をもつことを示し，この分野に研究のひとつの将来展望をみせることである。これは学術的貢献であるとともに，この分野の社会的応用へより明確な道を切り開くものであると期待している。

第3に，サービスイノベーション技術の革新は社会の活性化・国際競争力の強化に不可欠であるが，本書は社会心理学と工学，ネットワーク研究のコラボレーションを通じて，その革新のありうべきひとつの道筋を示すことをめざしていた。直前の3つの節で行った本書の研究の位置づけに，それはよく現れている。

第4に，社会の変化に関心をもつ多くの読者に対して，本書はその期待に応えようとする。社会の変化の予測は従来，社会科学的な理論的視点や識者アンケート（デルファイ調査）に基づく推測，ないしは既存技術からの未来学的な外挿的な推定によって議論されてきた。本書はそれらの全てと異なり，より精緻なモデリングの手法をスノーボール調査という手法と，ネットワーク構築技術，そして複雑系でのシミュレーションという複合的アプローチによって発展させる提案であった。

これらの期待と提案がどこまで実現できたかは，読者の判断にゆだねることとして，ひとまず本書を閉じることとしたい。

---

1) ブロードバンド，モバイルなどの技術進展により，「いつでも，どこでも，何でも，誰でも」がネットワークに接続することにより情報のやりとりでできる社

会。

2) Product Service System の略。「モノを売らずにサービスを売る」ビジネスモ
デルへの転換をめざすことで欧州を中心に検討されてきたコンセプト。情報技術
の進展で生産者と消費者の新しい関係により地球環境負荷を低減していこうとす
るもの。従来，生産者は消費者にモノを売ることを目的としモノが循環せず地球
環境を悪化させていたが，PSS では生産者は消費者へのサービスを中心に提供し
ていくことでモノを生産者側に置くことでモノの消費を抑えることができるとい
うように考える。

3) それでもしばしばエラーが残存することはニスベットらも認めるとおりである。
たとえば，スペースシャトル・チャレンジャー号の爆発の一因が集団思考にあっ
たことは指摘されて久しい（Esser & Lindoerfer, 1989）。

## あとがき

　本書は，東京大学大学院人文社会系研究科で社会心理学を専門とする池田謙一と，NEC サービスプラットフォーム研究所の工学系の研究グループ（井口浩人・五藤智久・吉田孝志・富沢伸行・長谷川聖洋）による共同研究の成果である。研究は，2005 年秋から翌年初にかけて，東京大学の価値創造型産学連携共同研究立案のスキームである Proprius21（東京大学産学連携本部）に則る形で始動，その後共同研究に移行し，「社会インタラクションの研究」として 2 年間実施されたものである（http://www.ducr.u-tokyo.ac.jp/proprius21/jitsurei.html#s4）。この共同研究は当初から本書で述べてきた目標を持っており，毎月の検討会と，その間の分析を 2 年にわたって継続した。また直接の研究を終了後も共同研究はテーマを変えて存続しているが，その折々にも本書について討議・分析・執筆を続けてきた。そうした長期の成果が陽の目を見ることはたいへんに喜ばしい。

　研究の最早期には，産学連携本部の眞峰隆義教授，太田与洋教授からアプローチをいただき，およそ半年をかけて本書のテーマとなる共同研究を計画した。NEC 側で求めている共同研究と池田が関心を持ってきたテーマがよく一致したのには新鮮な興奮を感じたものである。池田の研究の主体は政治行動に関わるものが多く，それとは別途，普及過程や消費者行動の研究を長きにわたって進めてきてはいたが，それほど表には出ていなかった。そこを探し当ててアプローチされたキューピッドの嗅覚に驚いたものである。とくにこの研究に直接関わる著書（宮田・池田編，2008）の出版は NEC との本研究が終わった後までかかったのだから，なおさらである。

　その後，Proprius21 のスキームによって共同研究を開始したのを受け，多くの方にお世話になった。産学連携本部はもとより，NEC 中央研究所長・國尾武光氏，基礎・環境研究所長・曽根純一氏，研究企画部産学連携推進エキスパート・金井順子氏（いずれも当時の役職）にはとりわけてご助力

をいただいた。また研究チーム内では，初期には浜野絢子氏，NEC ビッグローブの杉岡圭氏にも参加いただいた。記して感謝させていただきたいと思う。本書の執筆にあたっては，編者の池田が総合的にまとめあげる役割を果たしたが，研究は関わった全員のものである。各章ごとに主たる執筆者が記載してあるが，研究全体のプロセスにおいては全員が関与し，検討を進めてきた。データの取得や執筆に分担はあるものの，毎月の研究会でも本の執筆段階でも多くの意見交換を継続的に行ってきたことを特記しておきたい。

　ここで，私的な感慨とないまぜになるが，本研究の背景と展望の付加的な追記を 2 点記しておきたい。

　池田は，上でも言及したように，専門的な業績は政治参加や投票行動の領域に多いが，消費者行動に関わる業績もまた積み重ねてきた。初期にはケーブルテレビや「パソコン通信」の普及に関わる研究が少なからずある。そして，ソーシャル・ネットワークを焦点とした政治行動の研究を進めだしてからは，その手法を応用し，普及過程における新しいクチコミ行動の研究法を提案，実施してきたものが本書につながった。その途上では，2000 年以後，読売新聞広告局マーケティング部長椎名祥子氏（当時）や電通アカウント・プランニング計画局プロジェクト推進部長丸岡吉人氏（当時）から，また吉田秀雄記念事業財団の助成研究（代表・明治学院大学社会学部宮田加久子教授）を通じて，考えるきっかけを与えられ，議論し，データを分析してきた蓄積も大いに役立った。また，ソーシャル・ネットワークや普及過程の研究は，大学の授業でかなり長い時間を割いている対象でもある。

　じつはその関心の淵源は学部の卒業論文にまで遡る。当時の指導教員が研究のひとつとしてタバコのポータブル吸い殻入れの普及実験（駅の構内で行う自然実験であった）をした際に，大学院の授業向けに集められた，主として 1960 年代アメリカの普及研究の論文を多数渡された。これを卒論の材料として考えてみたら，ということであった。当時の教授は 1 年間に 15 分さえも卒論の指導をしなかったから（現在から考えると信じがたい），それ以上指導を受けた覚えはない。だが振り返れば，これらの論文は今では古典と呼べる労作をいくつも含んでおり，大いに啓発された。思い返せばこうした最早期の研究がいまの収穫につながった。

本書でベースとなる研究として触れたロジャースの普及研究の古典は
1960 年代以来，実に 40 年にわたって改版されるごとに新しい日本語訳が出，
またスノーボール調査を考案し，パーソナル・インフルエンスの概念を創出
したラザスフェルドは数年前に世界世論調査協会の専門学術誌 *International-
al Journal of Public Opinion Research* に生誕 100 年特集号が出た（2001,
Vol. 23, No. 3）。こうした点を見ると，この領域の始祖としての役割を果た
した 2 人は今でも研究上の扱いが小さいとは言えない。しかしそれでも，彼
らのもたらしたインパクトは，日本では特に過小視されているように感じら
れてならない。研究の持っているリーチの大きさが理解されていない。

　すでに本書第 1 章から強調したように，コミュニケーションは人類の発展
にとって本質的なものであった。それがソーシャル・ネットワークを通じて
普及に寄与する過程には，社会の動きのダイナミックスの本質的な要素が多
く含まれる。しばしば勘違いされているが，ロジャースの研究は単に「商品
が売れるかどうかの過程」の研究には留まらない。士農工商の名残でもあろ
うか，そうした関心を低く考える向きがあるのも理解しがたい。

　むしろ，クチコミに基づくパーソナル・インフルエンスが領域を越えて普
遍的であることを指摘したラザスフェルドや，普及過程が社会の変化に本質
的であることを見抜いていたロジャースは慧眼という他はなく，クチコミを
通した普及過程が，少し角度を変えてみれば幾多の社会的なダイナミックス
に密接に関連した知見をもたらすことを，次の一手への展望としても，いま
一度強調しておきたい。

　そもそも世界を変えていく大きな要因の 1 つがイノベーションの普及にあ
る，という論点に留まらず，モノやサービスを買うのではなく，たとえば政
治的なアイディアを買うこともまた，普及過程として捉えうる。「買う」と
いっても買収ではない。新しい政策的アイディアに賛成したり，支持政党，
投票政党を変えるようなことは，社会過程としては普及過程と重なる部分が
多い。その過程が政治のダイナミックスを創り出す。ハックフェルトがラザ
スフェルドの研究を発展させ，政治行動がいかに有権者を取り巻くソーシャ
ル・ネットワークによって規定され，またエンパワーされているかを明らか
にしたように，ネットワークという側面からも，この論点は強化される。た

だしこの領域ではいくつかのパラメータが異なっているだけだ，とも考えられる。つまり，個人によるアイディア採用の意思決定の先に集合的な帰結があり（政権担当政党が変わる，新しい政策が施行される），個人は「社会の変化」という帰結を考えながら行動する（ソシオトロピックな認識があるという）。またここでの選択は，ポータブルプレイヤーがアップルかソニーかという以上の深刻な対立をもたらす差異のある選択であり得る。望ましい社会はどんな社会かの選択でありうるからである。こうした点で政治行動は消費行動とパラメータの違う行動ではあるが，多くの要素を共有する。しかも消費行動との差異は縮まりつつある。環境配慮行動を考えてみるとよい。消費にエコな配慮が関わりうることはいまさら言うまでもないが，そうした環境的配慮は消費行動を個人のエゴセントリックな意思決定から，社会全体への消費がもたらす帰結を考慮したソシオトロピックな行動へと結びつきはじめているのである（池田，2010 印刷中）。

　さて，第 2 の感慨は，マルチエージェント・シミュレーション研究に関わる。初期の研究はラタネやアクセルロッドによってなされたが，それが持つ社会的な意味は論文の出版当初からほぼ自明に見えた。池田は大学院生の指導の中で，その発展に関わりを持ってきた。アクセルロッド論文を発展させた石黒・安野・柴内（2000），Shibanai, Yasuno & Ishiguro（2001），志村・小林（2005）は，延々と続いたリサーチ・ミーティングでの議論の成果でもある。したがって，本書はそうした発展の中で論文に名前が出ていなかったことに対するリベンジでもある。普及過程における個人とその周囲のコミュニケーションや意思決定のデータ取得を可能にするスノーボール調査を基礎にして，シミュレーションへと結びつけた結果は，これら論文の発展形にもなった。

　マルチエージェント・シミュレーション手法は，社会という複雑系の変化をとらえることを一つの利点としている点で，普及研究との相性は抜群であった。その意味で，本書の成果は 2005 年に産学の共同作業を考え始めた当初から出るべくして出た成果であったかもしれない。ここに至るまでには長い道のりではあったが，シミュレーションを現実のリアリティとどう付き合わせるかについてひとつの試みを果たし得た点で，本書はさらに次の可能性

につながるものを提起していると確信している。

　最後になるが，東大出版会の後藤健介氏には，この成果を出版したいという提案を快く検討してくださり，またその後の出版のプロセスにおいて，本書を読みやすく，わかりやすくすることを含めて，多大のご支援をいただいた。マラソンの最後の「心臓破りの坂」で強力な応援をいただいたようなもので，大きな力となった。記して感謝申し上げたい。

落葉の美しい三四郎池を見おろす部屋で

筆者を代表して

池 田 謙 一

## 付録　スノーボール調査実施の概略

　本書の研究で過去数年にわたり実施してきた，合計 3 回のスノーボール・サンプリング調査[1] データの概略を述べておこう。

　主たる調査概要を表 A〜C に示す。3 回の調査で対象とした製品・サービスは，携帯電話のメール機能，おサイフケータイ，ワンセグ放送，mixi，Edy の 5 種類であった。これらはこの数年間に日本において普及が進展した製品・サービスから選択したものである（調査の手順は第 5 章 5.1 節で詳しく述べた）。

　調査対象はインターネット調査会社にパネル登録した人びとのなかから居住地域を 1 都 3 県，年齢層を 20 代から 40 代までに限定し，まず調査の条件に合致する対象候補を選定するスクリーニング調査を行い，そのなかから本調査対象者（主回答者）を抽出した。本調査対象者には，回答のなかで当該のサービスについて，クチコミ相手の他者とのやりとりに関する質問が含まれるが，その相手他者（可能なら 2 者）についてメールアドレスを知らせてもらうよう依頼し，これら他者に対して類似したインターネット調査を進めた（スノーボール調査である）[2]。後者の回答によって他者（スノーボール他者）から見た主回答者とのクチコミについてもデータが取得されるしくみである。

　第 1 回調査で検討するサービスの対象とした「携帯メール」とは，携帯電話で標準的に利用可能な電子メール機能のことである。「FeliCa 機能搭載携帯」は，一般には「おサイフケータイ[3]」として広く知られている，電子マネー機能が利用可能な携帯電話機を指す。

　第 2 回調査で対象とした「ワンセグ携帯」は，地上デジタルテレビジョン放送の受信機能を持つ携帯電話のことである。「SNS（mixi）」は，ソーシャル・ネットワーキング・サービスという，おもに友人・知人同士のコミュニケーションを楽しんだり，知人を広げていくためのコミュニティサイトの

**表 A　第 1 回調査概要**

| 利用パネル | BIGLOBE インターネットパネル調査 |
|---|---|
| 対象地区 | 1 都 3 県（東京，神奈川，千葉，埼玉） |
| 対象サービス | 携帯メール，FeliCa 機能搭載携帯（おサイフケータイ） |
| 期間 | 2006 年 6 月 30 日〜2006 年 8 月 1 日 |
| 回収結果　　主回答者 | 回答依頼数：764<br>有効回答率：76% |
| 　　　　　　スノーボール回答者 | 回答依頼数：1,045<br>有効回答率：71% |

注：主回答者数より，スノーボール回答者の依頼数が上回るのは，スノーボール他者と
して最大 2 名までを指名しているためである。

**表 B　第 2 回調査概要**

| 利用パネル | BIGLOBE カフェインターネットパネル調査 |
|---|---|
| 対象地区 | 1 都 3 県（東京，神奈川，千葉，埼玉） |
| 対象サービス | ワンセグ携帯，SNS（mixi） |
| 期間 | 2007 年 2 月 23 日〜（約 1 カ月間） |
| 回収結果　　主回答者 | 回答依頼数：1084（ワンセグ），2163（SNS）<br>有効回答率：51.0%（ワンセグ），36.1%（SNS） |
| 　　　　　　スノーボール回答者 | 回答依頼数：636（ワンセグ），817（SNS）<br>有効回答率：51.7%（ワンセグ），55.9%（SNS） |

注：第 2 回，第 3 回調査では，対象とする製品・サービスによって調査対象者を別調査
に分けた。

**表 C　第 3 回調査概要**

| 利用パネル | NEC BIGLOBE BU ネットリサーチパネル調査 |
|---|---|
| 対象地区 | 1 都 3 県（東京，神奈川，千葉，埼玉） |
| 対象サービス | mixi（SNS），Edy（電子マネー） |
| 期間 | 2007 年 12 月 1 日〜（約 1 カ月間） |
| 回収結果　　主回答者 | 回答依頼数：1,038（mixi），985（Edy）<br>有効回答率：40.2%（mixi），43.9%（Edy） |
| 　　　　　　スノーボール回答者 | 回答依頼数：1,387（mixi），1,243（Edy）<br>有効回答率：69.1%（mixi），68.5%（Edy） |

ことである。日本では，株式会社ミクシィが運営する mixi が有名である。検討するサービスの対象としては mixi に限定するものではないが，SNS という一般名称よりも mixi の固有名称のほうで知っている調査対象者が少なくないと考え，カッコのなかに付記した。

　第3回調査で対象とした「mixi（SNS）」は，前述と同様のソーシャルネットワーキングサービスを指す。ただし，ここで「mixi（SNS）」とカッコ付けを逆にし，固有名称の mixi を優先したのは，調査実施時期に日本ではソーシャルネットワーキングサービスでは mixi がトップシェアをもち，知名度もきわめて高くなったためで，むしろ他の SNS 利用者を含める意味で付加的に「SNS」と付けることにした。Edy は，ソニーが開発した非接触 IC チップ FeliCa を搭載したカード，または携帯電話（おサイフケータイ）で利用することができる，ビットワレット株式会社が提供する電子マネーである。Edy も，同様にその知名度の高さから，「Edy（電子マネー）」という表現を用いた。

　本書では，この計3回の調査をそれぞれ，第1回調査，第2回調査，第3回調査などと略記する。

　インターネットのウェブによる調査は，インターネット調査会社のサービス（NEC ビッグローブ　BU ネットリサーチ）にその実施を委託した。そのため，回答者は事前に調査会社に登録をしている個人のなかから選ばれることになる。これは，消費者全体からみればサンプルにバイアスがかかることになるが，これまでの私たちの研究で対象としてきた，インターネットとの関連が強い製品・サービスの調査においては，その定性的性質の調査検討を行ううえでは望ましい側面もまた強い，と考えている。ただしサンプルの歪みの補正を行うため，ネットレーティングス社のインターネット利用者データに基づき，分析の際にウェイトをかけた。

1）「スノーボール調査」を「スノーボール・サンプリング調査」の略とする。この調査は，通常のサンプリング調査に加えてスノーボール対象に対する調査を含むが，その中の通常のサンプリング調査部分のみを指しても，スノーボール調査とよぶこともある。スノーボール対象者のデータが付帯的に採取されているため

である。本文第5章参照。
2) 調査のプラットフォームとして利用したNECビッグローブ BUネットリサーチのサービスでは調査対象として依頼可能なアフィリエイト会員を160万人以上有している。第3回調査のmixiを例に具体的な数値を挙げると，スクリーニング調査ではアフィリエイトのうち3万人に調査を送付し，1万9172人から回答を得た。回答のうち，回答の信頼性が低いものを無効回答とし，さらに複数の基準で本調査対象者として可能な対象者を選択した。その数は7913人であった。そこからランダムサンプリングにより主回答者1038人を選択，これらの主回答者に本調査の回答を依頼した。スノーボール調査では，主回答者からスノーボール調査対象として紹介された他者に依頼し（主回答者数は2名まで依頼できるので合計は1387人だった），そこから合計719人の回答を得た。
3) 「おサイフケータイ」は，NTTドコモの登録商標であるが，同社は他キャリア各社に商標権のライセンスを行っているため，消費者に対しては「おサイフケータイ」の名称を用いている場合が多い。

# 引用文献

Albert, R. & Barabási, A.-L. 2002 Statistical mechanics of complex networks, *Reviews of Modern Physics*, 74, 47–97.

Arndt, J. 1967 Role of product-related conversations in the diffusion of a new product, *Journal of Marketing Research*, 4, 149–157.

Axelrod, R. 1997a The dissemination of culture. *Journal of Conflict Resolution*, 41, 203–226.

Axelrod, R. 1997b *The Complexity of Cooperation: Agent-Based Models of Competition and Collaboration*, Princeton University Press. 寺野隆雄（訳）　2003　対立と協調の科学：エージェント・ベース・モデルによる複雑系の解明，ダイヤモンド社.

Bakeman, R. & Beck, S. 1974 The size of informal groups in public, *Environment & Behavior*, 6, 378–390.

Barabási, A.-L. & Albert, R. 1999 Emergence of scaling in random networks, *Science*, 286, 509–512.

Barabási, A.-L. 2003 Scale-free networks, *Scientific American*, 288, 60–69.

Bernard, H. R., Killworth, P. D., Evans, M. J., & McCarthy, C. 1988 Studying social relations cross-culturally, *Ethnology: An International Journal of Cultural and Social Anthropology*, 27, 155–179.

Bettman, J. R. 1979 *An Information Processing Theory of Consumer Choice*, Addison-Wesley Publishing Company.

Bianconi G. & Barabási A.-L. 2001 Competition and multiscaling in evolving networks, *Europhysics Letters*, 54, 436–442.

Boissevain, J. 1974 *Friends of Friends: Network, Manipulators & Coalitions*, Basil Blackwell. 岩上真珠・池岡義孝（訳）　1986　友達の友達：ネットワーク，操作者，コアリッション，未來社.

Brown, J. J. & Reingen, P. H. 1987 Social ties and word of mouth referral behavior, *Journal of Consumer Research*, 14, 350–362.

Burt, R. 1984 Network items and the general social survey, *Social Networks*, 6, 293–339.

Burt, R. S. 2005 *Brokerage and Closure: An Introduction to Social Capital*, Oxford University Press.

Cooper, A. 1999 *The Inmates are Running the Asylum: Why High Tech Products Drive Us Crazy and How to Restore the Sanity*, Sams; Subsequent. 山形浩生（訳）　2000　コンピュータは，むずかしすぎて使えない！，翔泳社.

de Sola Pool, I. & Kochen, M. 1978-79 Contacts & influence. *Social Networks*, 1, 5-51.

電通S. P. A. T. チーム 2007 買いたい空気のつくり方, ダイヤモンド社.

電通クロスメディア開発プロジェクトチーム 2008 クロスイッチ, ダイヤモンド社.

Dodds, P. S., Muhamad, R., & Watts, D. J. 2003 An experimental study of search in global social networks, *Science*, 301, 827-829.

Dorogovtsev, S. N., Goltsev, A. V., & Mendes, J. F. F. 2002 Pseudofractal scale-free web, *Physical Review*, E 65, 066122.

Dunbar, R. 1996 *Grooming, Gossip and the Evolution of Language*, Faber & Faber. 松浦俊輔・服部清美 (訳) 1998 ことばの起源：猿の毛づくろい, 人のゴシップ, 青土社.

Epstein, J. M. & Axtell, R. 1996 *Growing Artificial Societies: Social Science from the Bottom Up*, The Brookings Institution. 服部正太・木村香代子 (訳) 1999 人工社会：複雑系とマルチエージェント・シミュレーション, 構造計画研究所.

Esser, J. K. & Lindoerfer, J. S. 1989 Groupthink & the space shuttle Challenger accident: Toward a quantitative case analysis, *Journal of Behavioral Decision Making*, 2, 167-177.

Feick, L. F. & Price, L. L. 1987 The market maven: A diffuser of marketplace, *Journal of Marketing*, 51, 83-97.

富士通研究所ナレッジ研究センター 2007 ブロードバンド時代のビジネスモデル構築を支援する「Web2.0」への取り組み, 富士通ジャーナル, 33, 22-25.

Gladwell, M. 2002 *The Tipping Point: How Little Things Can Make a Big Difference*, Back Bay Books. 高橋啓 (訳) 2007 急に売れ始めるにはワケがある, ソフトバンク文庫.

Goffman, C. 1969 And what is your Erdös number?, *American Mathematical Monthly*, 76, 791.

呉國怡 2005 「市場の達人」とインターネット：「オピニオンリーダー」との比較, 池田謙一 (編) インターネットコミュニティと日常世界, 誠信書房, pp. 135-147.

Granovetter, M. S. 1973 The strength of weak ties, *American Journal of Sociology*, 78, 1360-1380.

Gundlach, G. T. 2007 The American Marketing Association's 2004 definition of marketing: Perspectives on its implications for scholarship and the role and responsibility of marketing in society, *Journal of Public Policy and Marketing*, 26, 243-250.

濱岡豊 2008 消費者間の相互作用, 田中洋・清水聰 (編) 消費者・コミュニケーション戦略, 有斐閣, pp. 57-93.

Howard, J. A. & Sheth, J. N. 1969 *The Theory of Buyer Behavior*, John Wiley & Sons.

Huckfeldt, R. & Sprague, J. 1995 *Citizens, Politics, and Social Communication*,

Cambridge University Press.

Huckfeldt, R., Ikeda, K., & Pappi, F. U. 2000 Political expertise, interdependent citizens, and the value added problem in democratic politics, *Japanese Journal of Political Science*, 1, 171–195.

井庭崇・福原義久　1998　複雑系入門：知のフロンティアへの冒険，NTT 出版.

Ikeda, K. & Kobayashi, T. 2008 Making democracy work via the functioning of heterogeneous personal networks: An empirical analysis based on a Japanese election study. (In) R.-M. Hsung, N. Lin, & R. Breiger (Eds.), *Contexts of Social Capital: Social Networks in Markets, Communities and Families*, Taylor & Francis, pp. 72–90.

Ikeda, K. & Huckfeldt, R. 2001 Political communication and disagreement among citizens in Japan and the United States, *Political Behavior*, 23, 23–51.

池田謙一　2000　コミュニケーション（社会科学の理論とモデル5），東京大学出版会.

池田謙一　2002　2000 年衆議院選挙における社会関係資本とコミュニケーション，選挙研究，17, 5–18.

池田謙一　2004　ネットイン・ネットアウト：電子媒体の内と外．池田謙一（監修）IT と文明：サルからユビキタス社会へ，NTT 出版，pp. 192–227.

池田謙一　2007　政治のリアリティと社会心理：平成小泉政治のダイナミックス，木鐸社.

池田謙一　2008　新しい消費者の出現：採用者カテゴリー要因の再検討．宮田加久子・池田謙一（編）ネットが変える消費者行動，NTT 出版，pp. 114–144.

池田謙一　2010（印刷中）　消費行動・環境行動．池田謙一・唐沢穣・工藤恵理子・村本由紀子 社会心理学，有斐閣.

池田謙一・小林哲郎・繁桝江里　2004　ネットワークを織りなす消費者：「孤立した消費者像」を越えるインターネット活用調査とその理論，マーケティングジャーナル，91, 18–30.

池田謙一・志村誠　2008　社会関係資本を高めるためのインターネットの集合的利用の検討．東京大学人工物工学研究センター・価値創成イニシアティブ寄付研究部門平成 19 年度研究報告書.

石黒格・辻竜平　2006　アドレス帳の利用率と登録人数のネットワークサイズの指標としての妥当性，理論と方法，21, 295–312.

石黒格・安野智子・柴内康文　2000　Dynamic Social Impact Theory シミュレーションへの全体情報の導入：マス・コミュニケーションの「強力効果」は社会を統合するか？　社会心理学研究，16, 114–123.

石井晃・吉田就彦　2005　ヒット現象の数理モデル，鳥取大学工学部研究報告，36, 71–80.

和泉潔　2003　人工市場，森北出版.

片平秀貴　2006　新理論 AIDEES 大きな潮流のように，ある日，気が付けばブーム

になっていた !?  *Diamond Visionary*, 42（7）, 34-37.

Katz, E. & Lazarsfeld, P. F. 1955 *Personal Influence: The Part Played by People in the Flow of Mass Communications*, The Free Press. 竹内郁郎（訳） 1965  パーソナル・インフルエンス：オピニオン・リーダーと人びとの意思決定, 培風館.

川上善郎　1997　うわさが走る：情報伝播の社会心理, サイエンス社.

Killworth, P. D., Johnsen, E. C., Bernard, H., Russell, S., Gene, A., & McCarty, C. 1990 Estimating the size of personal networks, *Social Networks*, 12, 289-312.

Klemm, K. & Eguíluz, V. M. 2002 Growing scale-free networks with small-world behavior, *Physical Review*, E 65, 057102.

La Due Lake, R. & Huckfeldt, R. 1998 Social capital, social networks, and political participation, *Political Psychology*, 19, 567-584.

Latané, B. & L'Herrou, T. 1996 Spatial clustering in the conformity game, *Journal of Personality and Social Psychology*, 70, 1218-1230.

Latora, V. & Marchiori, M. 2001 Efficient behavior of small-world networks, *Physical Review Letters*, 87（19）, 198701.

Lin, N. 2001 *Social Capital: A Theory of Social Structure and Action*, Cambridge University Press.

Marsden, P. 1987 Core discussion networks of Americans, *American Sociological Review*, 52, 112-131.

増田直紀・今野紀雄　2005　複雑ネットワークの科学, 産業図書.

McPherson, M., Smith-Lovin, L., & Brashears, M. 2006 Social isolation in America: Changes in core discussion networks over two decades, *American Sociological Review*, 71, 353-375.

南博・社会心理研究所　1976　くちコミュニケーション, 誠信書房.

三谷宏治（編）　2003　CRM マーケティング戦略, 東洋経済新報社.

宮田加久子　2008　オフラインとオンラインで重層化する対人コミュニケーション. 宮田加久子・池田謙一（編）ネットが変える消費者行動：クチコミの影響力の実証分析, NTT 出版, pp. 77-113.

宮田加久子・池田謙一（編）　2008　ネットが変える消費者行動：クチコミの影響力の実証分析, NTT 出版.

Moore, G. A. 1991 *Crossing the Chasm: Marketing and Selling Technology Products to Mainstream Customers*, Harper Collins. 川又政治（訳） 2002　キャズム, 翔泳社.

中村仁也　2004　革新的情報テクノロジー活用事例. 上田隆穂・藤居讓太郎・田中伸英・高橋郁夫・小野讓司（編）フードサービス業における情報化戦略とテクノロジー, 中央経済社, pp. 194-207.

中谷内一也・Cvetkovich, G. 2008 リスク管理機関への信頼：SVS モデルと伝統的信頼モデルの統合, 社会心理学研究, 23, 259-268.

Newman, M. E. J. & Girvan, M. 2004 Finding and evaluating community structure in networks, *Physical Review*, E 69, 026113.

日経ストラテジー　2007　「ペルソナ」マーケティング, 2007 October.

蜷川繁・津田伸生・服部進実 1999 うわさの伝播モデル, 情報処理学会論文誌, 41 (2), 517-520.

Nisbett, R. & Ross, L. 1980 *Human Inference: Strategies and Shortcomings of Social Judgment*, Prentice-Hall.

Norman, D. A. 1988 *The Psychology of Everyday Things*, Basic Books. 野島久雄 (訳)　1990　誰のためのデザイン？：認知科学者のためのデザイン原論, 新曜社.

North, M. J., Collier, N. T,. & Vos, J. R. 2006 Experiences creating three implementations of the repast agent modeling toolkit, *ACM Transactions on Modeling and Computer Simulation*, 16, 1-25.

Palla, G., Barabási A.-L., & Vicsek, T. 2007 Quantifying social group evolution, *Nature*, 446, 664-667.

Palla, G., Derenyi, I., Farkas, I., & Vicsek, T. 2005 Uncovering the overlapping community structure of complex networks in nature and society, *Nature*, 435, 814.

Petty, R. E. & Cacioppo, J. T. 1986 *Communication and Persuasion: Central and Peripheral Routes to Attitude Change*, Springer.

Poundstone, W. 1984 *The Recursive Universe: Cosmic Complexity and the Limits of Scientific Knowledge*, William Morrow & Co. 有澤誠 (訳)　1990　ライフゲイムの宇宙, 日本評論社.

Rogers, E. M. & Kincaid, D. L. 1981 *Communication Networks*, Free Press.

Rogers, E. M. 1962 *Diffusion of Innovations* (1st ed.), Free Press. 藤竹暁 (訳)　1966　技術革新の普及過程, 培風館.

Rogers, E. M. 1983 *Diffusion of Innovations* (3rd ed.), Free Press. 青池慎一・宇野善康 (訳)　1990　イノベーション普及学, 産能大学出版部.

Rogers, E. M. 2003 *Diffusion of Innovations* (5th ed.), Free Press. 三藤利雄 (訳)　2007　イノベーションの普及, 翔泳社.

Rosen, E. 2000 *The Anatomy of Buzz: How to Create Word-of-Mouth Marketing*, Doubleday. 濱岡豊 (訳)　2002　クチコミはこうしてつくられる：おもしろさが伝染するバズ・マーケティング, 日本経済新聞社.

Rust, T. R. & Chung, T. S. 2006 Marketing models of service and relationships, *Marketing Science*, 25(6), 560-580.

櫻井通晴　2005　コーポレート・レピュテーション：「会社の評判」をマネジメントする, 中央経済社.

Shibanai, Y., Yasuno, S., & Ishiguro, I. 2001 Effects of global information feedback on diversity: Extensions to Axelrod's Adaptive Cultural Model, *Journal of Conflict Resolution*, 45, 80-96.

Shibutani, T. 1966 *Improvised News*, Bobbs-Merrill.

清水幾太郎　1947　流言蜚語，岩波書店（戦後版）．

清水聡　1999　新しい消費者行動，千倉書房．

志村誠・小林哲郎　2005　分散して残存する社会的少数派．池田謙一（編）インターネット・コミュニティと日常世界，誠信書房，pp. 185-203.

Simon, H. A. 1947 *Administrative Behavior: A Study of Decision-making Processes in Administrative Organization*, Macmillan. 松田武彦他（訳）　1965　経営行動，ダイヤモンド社．

Smith, E. R. & Conrey, F. R. 2007 Agent-based modeling: A new approach for theory building in social psychology, *Personality & Social Psychology Review*, 11, 87-104.

杉本徹雄（編著）　2004　消費者理解のための心理学，福村出版．

高野陽太郎　2008　「集団主義」という錯覚：日本人論の思い違いとその由来，新曜社．

竹内亨・鎌原淳三・下条真司・宮原秀夫　2001　ユーザの関連性を用いた情報伝播モデルの評価実験：情報処理学会研究報告，データベース・システム研究会報告，2001(70), 169-176.

東京大学産学連携本部・サービスイノベーション研究会　2009a　サービスを科学することによるイノベーションに向けて（報告）．http://www.ducr.u-tokyo.ac.jp/service-innovation/pdf/090223report.pdf

東京大学産学連携本部・サービスイノベーション研究会　2009b　イノベーションのためのサービス情報基盤の確立に向けて（提言）．http://www.ducr.u-tokyo.ac.jp/service-innovation/pdf/090223teigen.pdf

Travers, J. & Milgram, S. 1969 An experimental study of the small world problem, *Sociometry*, 32, 425-443.

堤香苗　2007　売れるマーケティングのしかけ "感動と共感で「インフルエンサー」とつながれ"，ソーテック社．

Valente, T. W. 1995 *Network Models of the Diffusion of Innovations*, Hampton Press.

渡辺聡　1992　商品に対する関与と商品購買時の情報探索におけるくちコミの利用との関係，社会心理学研究，7, 172-179.

Watts, D. J. 2003 *Six Degrees: The Science of a Connected Age*, W. W. Norton & Co. 辻竜平・友知政樹（訳）　2004　スモールワールド・ネットワーク：世界を知るための新科学的思考法，阪急コミュニケーションズ．

Watts, D. J. & Strogatz, S. H. 1998 Collective dynamics of small-world networks, *Nature*, 393, 440-442.

山岸俊男　2002　心でっかちな日本人：集団主義文化という幻想，日本経済新聞社．

山影進　2007　人口社会構築指南：artisoc によるマルチエージェント・シミュレーション入門，書籍工房早山．

安田雪　2001　実践ネットワーク分析：関係を解く理論と技法，新曜社．

吉田暁生　2006　ランダムサンプリングによる日本人の知人数推定：「連絡の取れる人」の数のインターネット調査との比較, 赤門マネジメント・レビュー, 5(5), 381-392.

Yoshida, T., Hasegawa, M., Gotoh, T., Iguchi, H., Sugioka, K., & Ikeda, K. 2007 Consumer behavior modeling based on social psychology and complex networks, *International Conference on E-Commerce Technology/Enterprise Computing, E-Commerce & E-Services (CEC/EEE)*.

湯田聴夫　2005　SNS 大規模ネットワーク解析と内部構造の探訪, 第 15 回　日本数理生物学会大会　企画セッション〈複雑ネットワークの展開〉招待講演.

# 索 引

## あ 行

アーリーアダプター（初期採用者）　41, 42,
　43, 71
アーリーマジョリティ（前期多数採用者）
　41, 42, 43
AISAS モデル　35, 50, 145, 171
AIDMA モデル　34, 35, 50, 145, 171
アクセルロッド（Axelrod, R.)　21, 143
アフォーダンス　185, 186
アルバート（Albert, R.)　119
池田謙一　18, 21, 24, 25, 26, 45, 46, 52, 58,
　64, 67, 69, 185, 186
イノベーション　39, 40, 41, 42
イノベーター（革新者）　41, 42, 43
イベント
　行動イベント　59
　知覚イベント　59
　欲求イベント　59
WOM　→ワード・オブ・マウス
うわさ　50, 54
　──の伝播　53
エージェント　142, 144, 145, 146, 148, 149,
　150, 152, 155
SNS　→ソーシャル・ネットワーキン
　グ・サービス
エルデシュ数　113
オピニオンリーダー（OL)　17, 18, 22, 32,
　41, 44, 45, 50, 58, 62, 69, 70, 71, 72, 73, 74,
　77, 78, 80, 81, 82, 83, 84, 85, 86, 88, 89, 91,
　96, 97, 98, 99, 145, 150, 151, 153, 165

## か 行

階層モデル　122, 123
カッツ（Katz, E.)　44, 70, 141
完全グラフ　108, 111, 120, 121, 123, 125,
　129, 132, 133
関与　81

企業の社会的責任（CSR)　15, 171, 172
キャズム理論　43
局所的な商品普及率　62
局所普及率　81
クチコミ　8, 9, 10, 11, 12, 15, 18, 19, 22, 24,
　32, 35, 38, 44, 46, 47, 49, 50, 51, 52, 53, 56,
　57, 59, 62, 74, 78, 79, 85, 86, 91, 92, 93, 103,
　141, 157, 160, 161, 164, 165, 167, 175, 187
クラスタリング係数　108, 114, 115, 116,
　117, 118, 119, 120, 122, 123, 129, 131, 133
グラノベッター（Granovetter, M. S.)
　20, 50
グラフの大きさ（size)　107
グラフ理論　53, 105, 149
KE（クレム＝エルギス）モデル（頂点非活
　性化モデル）　121, 122, 124
携帯アドレス帳法（による調査）　93, 109,
　134, 135, 136
限定合理性　36
好意的関心　146, 152
好意的利用　146, 152
行動ターゲティング広告　175, 176
購買活性度　86, 87, 88, 89, 90
コミュニティ獲得確率モデル　130, 131
コミュニティ構造　116, 117, 124, 125, 126,
　133, 155
コミュニティサイズモデル　26, 127, 131,
　133, 134, 137, 139, 149, 155, 165, 166
コンウェイ（Conway, J.)　143

## さ 行

サービスイノベーション（研究）　26, 163,
　167, 168, 182, 183, 185, 187, 188
サービス・サイエンス　169
サービス・ライフサイクル　177
サイモン（Simon, H. A.)　36
CSR　→企業の社会的責任
GN（ジルバン＝ニューマン）法　124,

125
次数　　107, 134, 138
　　——分布　　108, 121, 127, 128, 131, 134,
　　136, 137, 138
主回答者（メインサンプル）　　62, 63
消費者の心理的意思決定モデル　　34
消費者の包括的意思決定モデル　　34, 36
消費者類型　　32, 43, 46, 58, 62, 88, 145, 150,
　　151, 153, 165
情報伝播　　53, 61
ショートカット　　103, 104, 113, 128
スクリーニング調査　　65
スケールフリー（性）　　92, 110
ストロガッツ（Strogatz, S.）　　53, 117,
　　118
スノーボール回答者（サンプル）　　63
スノーボール（サンプリング）調査　　20,
　　22, 25, 26, 52, 58, 61, 62, 63, 64, 68, 69, 74,
　　89, 91, 93, 94, 98, 105, 134, 149, 154, 164,
　　166, 179, 188
スモールワールド　　4, 6, 10, 21, 61, 111, 112,
　　117, 122, 184
　　——モデル　　→ WS モデル
精緻化見込みモデル（ELM）　　37, 38
「世間は狭い」現象　　→スモールワールド
創発　　56
ソーシャル・ネットワーキング・サービス
　・（SNS）　　25, 32, 76, 79, 80, 83, 84, 86, 99,
　　124

た　行

ダイアド（データ）　　63, 67
多重ネットワーク所属　　126, 139
WS（ワッツ=ストロガッツ）モデル
　　117, 118, 119, 122, 123, 126
ダンバー（Dunbar, R.）　　3, 4, 7
知人数　　91, 92, 94, 96, 97, 98, 100, 134, 135
頂点非活性化モデル　　→ KE モデル
強い紐帯　　19, 21, 50, 69
デ・ソラ・プール（de Sola Pool, I.）　　92
電話帳法（による調査）　　92, 93, 94, 109

な　行

ネームジェネレーター　　66, 67
ネットマーケティング　　174
ネットワーク特徴量　　25, 63, 91, 98
ネットワーク・バッテリ　　20
年賀状法（による調査）　　93, 109

は　行

バート（Burt, R. S.）　　20, 21, 67
ハックフェルト（Huckfeldt, R.）　　20
ハブ　　77
パラ（Palla, G.）　　126, 131
バラバシ（Barabási, A.-L.）　　116, 119,
　　128
バラバシ=アルバートモデル　　→ BA モ
　　デル
ハワード-シェスモデル　　36
BA（バラバシ=アルバート）モデル
　　119, 120, 121, 124, 155, 157
否定的関心　　146, 152
否定的利用　　146, 147, 152
ヒューマンネットフィルタリング　　55
フェイク（Feick, L. F.）　　44, 70, 71
フェーズ
　　関心フェーズ　　59, 79, 80, 81, 82, 84, 146,
　　　147, 148, 151, 152, 154, 155, 156
　　認知フェーズ　　59, 146, 147, 148, 151, 152,
　　　154, 155, 156
　　未認知フェーズ　　59, 146, 147, 148, 151,
　　　152
　　利用フェーズ　　59, 79, 80, 81, 82, 84, 146,
　　　147, 148, 151, 152, 154, 155, 156
　　フェーズ遷移　　76, 78, 146, 147, 148, 149,
　　　153, 166
フォロアー（FL）　　73, 99, 145, 150, 151,
　　153
普及過程研究　　7, 22
複雑系　　56
複雑ネットワーク　　105
プライス（Price, L. L.）　　44

ブログ分析　174, 175
平均頂点間距離　108, 111, 112, 113, 114,
　116, 117, 118, 119, 122, 123, 127, 129, 131,
　133
ベキ乗則　108, 110, 116, 117, 118, 119, 122,
　123, 127, 128, 131, 132, 133, 136
ベキ分布　94, 95, 99, 111, 121, 126, 128, 129,
　130, 131, 133
ベットマンモデル　36, 37
ペルソナ　173, 174
辺獲得確率モデル　128, 130
ボワセベン（Boissevain, J.）　126

ま 行

マーケットメイブン（MM，市場の達人）
　19, 20, 22, 32, 44, 45, 50, 62, 63, 69, 70, 71,
　72, 73, 74, 77, 78, 82, 84, 85, 86, 88, 89, 91,
　96, 97, 98, 99, 100, 145, 150, 151, 153, 164,
　165
マイクロ–マクロな視点　20
マッチング問題　187
マルチエージェント・システム　142
マルチエージェント・シミュレーション
　12, 21, 23, 26, 56, 57, 142, 143, 146, 155,
　165, 166, 168, 188
見える化　184, 185, 187
宮田加久子　7, 8, 64
ミルグラム（Milgram, S.）　4, 5, 21, 112,
　113
ムーア（Moore, G. A.）　43

や 行

弱い紐帯　21, 44, 45, 50, 69, 184
　――の強さ　20

ら 行

ライフゲーム　143, 144
ライフサイクル　168
ラガード（遅延者）　41
ラザスフェルド（Lazarsfeld, P. F.）　44,
　70, 141
ランダムグラフ　110, 111, 114, 116, 123,
　127, 128, 129, 131, 133
ランダムコミュニティモデル　129, 130,
　133
リーディングコンシューマー（LC）　45,
　46, 73, 78, 99, 145, 150, 151, 153, 164, 165
流言　5, 6, 11
Repast　56
レートマジョリティ（後期多数採用者）
　41, 42
ロジャース（Rogers, E. M.）　9, 17, 21, 26,
　39, 41, 42, 43, 44, 72, 77, 78

わ 行

ワード・オブ・マウス（WOM）　11, 49,
　51
ワッツ（Watts, D.）　5, 53, 117, 118
ワッツ＝ストロガッツモデル　→ WS モ
　デル

# 執筆者紹介

**池田謙一**（いけだ　けんいち）［編者，1章，2章，8章］
東京大学大学院人文社会系研究科教授（社会心理学研究室），博士（社会心理学）。
主要著書に，『緊急時の情報処理』（東京大学出版会，1986 年），『こころと社会』
（共著，東京大学出版会，1991 年），『ネットワーキング・コミュニティ』（編著，東
京大学出版会，1997 年），『コミュニケーション』（東京大学出版会，2000 年），『イ
ンターネット・コミュニティと日常世界』（編著，誠信書房，2005 年），『政治のリ
アリティと社会心理：平成小泉政治のダイナミックス』（木鐸社 2007 年），『ネット
が変える消費者行動：クチコミの影響力の実証分析』（共編著，NTT 出版，2008
年），*Political Discussion in Modern Democracies: A Comparative Perspective*
（共編著，Routledge，2010 年（印刷中）），ほか多数。英文誌 *American Journal of
Political Science, British Journal of Political Science, Political Behavior, Infor-
mation, Communication & Society* 等に掲載多数。

**井口浩人**（いぐち・ひろと）［8章］日本電気株式会社　システムプラットフォーム研
究所　シニアエキスパート。「報告　サービスを科学することによるイノベーショ
ンに向けて」（分担執筆，東京大学産学連携本部サービスイノベーション研究会，
2009 年 2 月）。
**五藤智久**（ごとう・ともひさ）［3章，4章］日本電気株式会社　サービスプラットフ
ォーム研究所　主任研究員。『有機エレクトロニクス』（分担執筆，工業調査会，
2005 年），『2050 年 脱温暖化社会のライフスタイル』（分担執筆，電通，2007 年）。
**富沢伸行**（とみざわ・のぶゆき）［5章］日本電気株式会社　サービスプラットフォー
ム研究所　主任研究員。
**長谷川聖洋**（はせがわ・まさひろ）［5章］日本電気株式会社　システム技術統括本部
主任。『2050 年脱温暖化社会のライフスタイル』（分担執筆，電通，2007 年）。
**吉田孝志**（よしだ・たかし）［6章，7章］日本電気株式会社　システム技術統括本部
主任。主要論文に，Consumer Phase Shift Simulation Based on Social Psych-
ology and Complex Networks, *IEEE Congress on Services*-Part I, pp.289–296,
2008.

クチコミとネットワークの社会心理
消費と普及のサービスイノベーション研究

2010 年 2 月 16 日　初　版

［検印廃止］

編　者　池田謙一

発行所　財団法人　東京大学出版会

代 表 者　長谷川寿一

113-8654　東京都文京区本郷 7-3-1 東大構内
http://www.utp.or.jp/
電話　03-3811-8814　Fax 03-3812-6958
振替　00160-6-59964

印刷所　株式会社理想社
製本所　矢嶋製本株式会社

# クチコミとネットワークの社会心理
## 消費と普及のサービスイノベーション研究

2024 年 10 月 25 日　　発行　　③

| | |
|---|---|
| 編　者 | 池田謙一 |
| 発行所 | 一般財団法人　東京大学出版会 |
| | 代 表 者　吉見俊哉 |
| | 〒153-0041 |
| | 東京都目黒区駒場4-5-29 |
| | TEL03-6407-1069　FAX03-6407-1991 |
| | URL　https://www.utp.or.jp/ |
| 印刷・製本 | 大日本印刷株式会社 |
| | URL　http://www.dnp.co.jp/ |

ISBN978-4-13-009141-1
Printed in Japan